Bibliografische Information der Deutschen Nationalbibliothek: Die Deutsche Nationalbibliothek verzeichnet diese Publikation in der Deutschen Nationalbibliografie; detaillierte bibliografische Daten sind im Internet unter http://dnb.dnb.de abrufbar.

Visionen und Stimmen aus dem Jenseits

2. Auflage

Copyright: G. O. Wenzel

Nachwort: Rudolf Lechleitner

Herausgeber: Rudolf Lechleitner

Herstellung und Verlag: BoD – Books on Demand, Norderstedt.

ISBN: 9783734783371

VORWORT DES VERFASSERS

Mein Bericht ist für alle, jeder kann davon halten, was er will. Es gibt Menschen, die dieser Erzählung nicht fremd gegenüberstehen werden. Aber die meisten dürften keine Ahnung von den Geheimnissen unseres Lebens haben.

DIE TOTEN LEBEN

Vor Jahren ging ich ohne dieses Wissen umher. Durch eine Fügung des Schicksals sollte ich jedoch erfahren, dass es für uns Menschen keinen Tod gibt.

Was uns der Glaube kündet, ist wahr. Aber der Glaube allein ist nicht Wissen, darum geht es uns Menschen so schlecht mit dem Glauben. Wir sind bereit zu verstehen, was wir begreifen und sehen können, aber eine unsichtbare Welt außer der unseren verstehen wir nicht. Sie passt nicht zu unserem Weltbild. Dass es aber doch eine gibt, wird dieser Bericht uns zeigen. Es gibt aber auch Zeugnis eines höheren göttlichen Lebens.

SIMON WENZEL

DAS ERLEBNIS MIT MEINEM LEBEN

Aus dem Jenseits, von der anderen Welt, kam der Ruf an mich, den Menschen als Hellseher, als Weitblickender zu dienen. Der Geist meiner Ahnen führte mich in diese unsichtbare Welt. Meine Vorfahren sprachen zu mir, erzählten und erklärten mir viel. Ich konnte mit ihnen reden, und das Vernommene möchte ich an meine Mitmenschen weitergeben. Vor allem lehrten sie mich, an Gott zu glauben, damit ich auch dies meinen Brüdern und Schwestern wiederbringe, wiederbringe in unsere Welt, wo wir aus Selbstverschulden nicht sehen, was wir sehen könnten, wenn wir uns in die Tiefe unseres Ichs begeben würden.

Obwohl viele sich bereits mit tieferen Dingen - dem Denken an unser späteres Sein - befassen, so gibt es doch noch Leser, die keine Ahnung haben, was und wozu wir sind. Diesen möchte ich sagen, dass wir gleich einem Radioapparat sind, der viele Wellen aufnehmen kann. Wir können eine Sendung aus Paris, London, Wien etc. hören, wir brauchen nur das Gewünschte einzuschalten. Auch unseren Körper können wir wunschgemäß auf- und umschalten, denn es gibt einen Sender, d. h., es gibt sogar mehrere davon. Unsere Gedanken sind verschiedenen Wellen unterstellt - einem Radioapparat gleich, der auf Kurz-, Mittel- und Langwellen einzustellen ist. Bei unserem

Körper bedeutet dies, die verschiedentliche innere Einstellung. Dies ist nichts Neues, jeder kann es selbst an sich ausprobieren. Wie kommen solche Einstellungen zustande? Sind wir bösartige Menschen, bekommen wir viele Wellen auf unserem Sender abgestimmt, und uns zu Bösem verleiten, uns sogar Unrechtes anhaben wollen. Haben wir aber eine hohe Frequenz, d. h., verfügen wir über geistige Feinheiten, so können wir damit rechnen, dass wir nur edle Gedanken und Gutes im Sinn haben, dass es feine Kräfte sind, die uns nur helfen und nicht vernichten wollen.

Meist ist der Mensch jedoch zwischen diesen und jenem. Es gibt kein nur Gut oder nur Böse, wir sind alle solchen Lebensbedingungen ausgesetzt, dass wir beides zugleich sind. Wir schwanken zwischen der Tiefe des Bösen und der Höhe des Guten.

Aus uns aber soll nun die Gleichheit herauszubekommen sein, womöglich eine solche, die uns gedanklich in eine höhere Sphäre bringt. Mit dieser gedanklichen Höhererhebung könnten wir Erfindungen machen, wir könnten in weitere Fernen sehen. D. h., wir wären somit auch ein Fernseh- bzw. ein Hellhörgerät, und wir würden - wenn wir auf höhere Schwingungen leben - uns darauf einstellen, noch viel erreichen.

Denken wir dabei an Padre Pio in San Giovanni Rotondo; er ist für uns ein Heiliger. Ein Heiliger ist ein Mensch, der gedankenmäßig auf einer anderen Frequenz arbeitet, alles ist bei ihm höher eingestellt, obwohl auch er nur ein Mensch ist. Er hat sich jedoch bewusst umgestellt und seinen Willen und seine Kraft dazu gebraucht, aus dieser Welt herauszugehen, hinein in eine andere, in die göttliche Welt. Und dies gelingt jedem, der es nur wirklich will, nicht nur anderen Geistigen, was ihren Körper vollkommen umgestellt hat, wie Padre Pio, sondern auch uns allen. Theresia Konnersreuth war ein besonderes Gnadenkind, wie man sagt. Sie war ausersehen, von Gott zu leiden, für die Menschheit zu bitten, zu helfen und noch zu vielem anderen. Man weiß von ihr nur, dass sie nichts zu essen bedurfte, lebte somit wohl auf einer höheren Frequenz, sie befand sich in einem anderen Reich bzw. in einem anderen geistigen Bereich, was ihren Körper vollkommen umgestellt hat.

Um auf Padre Pio zurückzukommen, so teilte der von ihm Bekehrte sein Sollen, wie man es nur einem Heiligen zuschreiben konnte. Außer vielen Gaben - die der Bilokation[1], des Unterscheidens der Geister, der Bekehrung, der Weissagung konnte er auch ein wohl erwähnenswertes Wunder an einem Piloten, dessen

---

[1] Anmerkung: Bilokation ist die Fähigkeit einer Person, an zwei Orten gleichzeitig anwesend zu sein.

Fallschirm sich nicht öffnete, vollbringen. Er eilte dem Abstürzenden entgegen, fing ihn auf in seinen Armen und geleitete denselben vollkommen unversehrt zur Erde. Dieser gerettete junge Mann begab sich in das Kloster San Giovanni Rotondo, um dem Pater zu danken. Dieser entgegnete ihm jedoch, dass dies nicht die erste Rettung war, dass er ihn bereits einmal sicher zur Erde geleiten konnte, und zwar damals, als sein Flugzeug bei Monastir getroffen wurde.

Padre Pio hat durch seine Kraft noch mehr geschaffen. Es begann mit einem Notgroschen, den er als erste Gabe für den Bau eines bemerkenswerten Krankenhauses bestimmte. Dieses Krankenhaus befindet sich in Süditalien, in der Provinz Foggia und gibt dem greisen Wundertätigen die Möglichkeit, vielen armen bedauernswerten Menschen durch seine Gabe, seinen starken Willen zu helfen. Lahme können wieder gehen und Blinde sehen. Viele an das Gute glaubende Menschen unterstützen das Werk, wofür der Notgroschen ja nur ein Anfang war, mit finanziellen Mitteln, und viele Menschen haben es sich zur Lebensaufgabe gemacht, an der Seite dieses Heiligen zu dienen.

Es gibt viele Biografien über Pater Pius, man kann solche in jeder Buchhandlung bekommen und empfehle ich sehr, eine solche Broschüre durchzulesen. Es ist wichtig für uns

Menschen. Denn was sind wir? Ein Wesen aus dem Universum geboren, von Gott gezeugt - Gott und Universum sind eins - welches alles in sich hat und auch finden kann wie Padre Pio. Man muss nur seinen Empfänger auf die höchsten Wellen einstellen. Einer Umgebung nach wird der Seelenzustand der gesamten normalen Welt mit der Zahl 10 eingestuft. Die Stufe des Verbrechens liegt bei 15. Was nach unten geht, ist für die Menschheit gnadenvoller. In der gesamten Welt gilt - nach meiner Eingabe und Betrachtung - die Stufe 10 als die durchschnittliche. Wenn jemand auf die 9. oder 8. oder 7. herunterkommt, so kommt er dieser Stufe, auf der sich Padre Pio aufhält, immer näher. Die Stufe 0 ist die Scheidewand von mir aus gesehen, die Scheidewand zwischen Mensch und Übermensch. Was von 10 nach aufwärtsgeht, nähert sich dem Bösen, dem Verbrechen. Wenn jemand sich von der Stufe 10 aus nach unten, dem Guten, nähern will, so ist es das Wichtigste, sich Beherrschung aufzuerlegen. Z. B. stellt Yoga eine Beherrschung und Willensanstrengung dar. Es ist ein Weg, eine Schulung für uns Menschen, durch welchen wir herauskommen können aus dem Alltagsleben, indem wir erlernen, Seele, Körper und Geist zu beherrschen. Das Wort und der Begriff Yoga kommt aus dem Indischen und es gibt auch ein Buch von Yogananda, in welchem der Weg eines indischen Yogi beschrieben wird. Die Beschreibung und Erklärung in diesem Buch ist wunderbar und wirklich leicht verständlich, sodass ich es jedermann, der Gott suchen will, empfehlen kann. Es ist die Schule dazu. Wer den Weg Yoga betritt, geht einen Pfad, der mühselig und beschwerlich ist, denn Gott ist im Unendlichen, er ist überall, in jedem Wesen, aber er lässt sich nicht so leicht finden. Er will gesucht und angesprochen werden, er ist und will nicht aus Stein oder etwas Unnatürliches sein, wie die Menschen glauben. Sie erfassen Gott als ein Wesen, das kaum zu erreichen ist. Gott ist jedoch die Barmherzigkeit, die Liebe, Gott ist der Herr, unser Vater. Von Gott soll man nur soviel sprechen, wie man versteht, man soll diesen heiligen Namen mit Ehrfurcht aussprechen und nicht zu oft in den Mund nehmen. Er ist ja unter vielen Namen bekannt, wie z. B. als Allgeist, als Mutter Kali bei den Indern, als Allah bei den Mohammedanern, und wenn wir weiter suchen, hören wir auch den Namen das „Unfassbare". Es ist die Allmacht, von der wir sprechen. Die Allmacht gibt uns, wenn wir uns an sie wenden, alle Kraft und alle Gaben, die zu vergeben sind, und deren gibt es viele. Wenn wir in die Welt blicken, so sehen wir, dass es in den letzten 100 Jahren eine besondere Entwicklung gegeben hat. Tausende Jahre sind vorher vergangen, ohne dass man z. B. die Elektrizität kannte. Man fing erst mit der Dampfmaschine an, in das Zeitalter zu kommen. Wir erkannten, d. h., die Menschheit erfand u. a. den Benzinmotor, das elektrische Licht, neuerdings die Atomkraft, die uns für friedliche Zwecke noch ungeahnte Möglichkeiten bringen wird. Wir werden weit in das Weltall hinauskommen, werden es erkunden und nicht stehen bleiben. Wir werden große Erfindungen und Entdeckungen machen. Aber wie man sieht, ist es uns erst im letzen, oder vielmehr in diesem Jahrhundert gelungen, den richtigen Faden zur Technik zu finden. Und ist es auch wirklich nur ein Faden?

Ich sehe die Menschheit noch vieles erreichen, was mit unserem heutigen Zeitvergleich an Wunder grenzen wird, und doch ist es nichts anders als das, was im Weltall ist und sein wird. Gott ist das All, die Kraft in allem, Gott ist das Leben, und aus Gott ist das, was wir sehen und was wir haben. Das ist das Unfassbare.

Dies alles zu erklären, schreibe ich für die Menschheit ein Büchlein. Der Mensch, der glaubt - vor allem die Nichtgläubigen - nach dem Tode gebe es kein Leben mehr, der irrt, das ist eben das, was anders ist. Um bei diesem Gedanken zu verharren: Wenn man ein menschliches Wesen betrachtet, so sieht man in ihm vielleicht einen Mann, groß, schlank, mittleren Alters, und wir glauben, das sei der Mensch. Die Wirklichkeit in ihm ist jedoch sein Geist. Wer denkt jedoch, das ist ein Geist, ein Mensch, also ein lebendes Wesen. Doch, wer baut denn schon ein Haus ohne Plan, ohne den Geist vorher einzuschalten - es wäre unmöglich. Jede Erfindung wurde vorher im Geiste erdacht, sei es ein Radio, ein Fernsehapparat, eine Schale oder eine Zigarettenspitze- es ist der Geist, der sie erfunden. Geist bedeutet also das Wesen unseres Lebens, ihm müssen wir volle Achtung schenken und müssen auch kontrollieren, was jener Geist tut. Der Geist dieses Mannes, der hier ist, ist also sein wahres Leben und nicht sein Körper; letzterer ist nur sein Diener. Aber welcher Mensch denkt schon, „da kommt ein Geist", „da spricht ein Geist", „das ist sein Leben", „das ist seine Kraft", denn die Geister sind verschieden. Der eine hat die Kraft des Bösen und der andere die des Guten, so wie alles in der Welt zweifach ist. Es gibt einen Mann und eine Frau, ein kalt und ein warm, ein Hoch und ein Tief, es gibt immer Gegensätze und so auch bei den Geistern. Die Welt der Geister ist mitten unter uns. Wir sind von Gott als Menschen in die Welt gesetzt worden, wir nennen uns Menschen, doch sind wir Geister mit wenig Kraft und wenig Macht. Unsere Macht besteht nur darin, dass wir, wenn wir gesund sind, gehen können von einem Dorf zum anderen, von einer Stadt zur anderen. Wir können uns auch ein Fahrzeug bauen und damit von einer Stadt zur anderen fahren. Wir können auch fliegen. Aber wir sind nicht in der Lage, unseren Geist dem Körper zu entnehmen und uns hinwegzusetzen über alles und in eine andere Welt zu gehen, wo der Geist die Wirklichkeit ist, wo der Geist frei und ohne Ballast des Körpers ist, wo er es sich nur wünscht, an einem anderen Ort zu sein, und er hat es auch schon erreicht. In eine andere Welt, aus der man zurücksieht in die Vergangenheit, der ewigen Zeit und der ewigen Zukunft. Wir können nichts machen als essen, trinken, schlafen und arbeiten. Unser Geist ist an unseren Körper bis zum Tode, bis zur Erlösung, gebunden. Dann aber kommt die große Freiheit, und darüber möchte ich schreiben.

Wer natürlich noch nie die Bekanntschaft mit einem wirklichen Geist gemacht hat, wird verständlicherweise daran zweifeln. Und daher wäre es nicht richtig, wenn ich all das, was ich erlebt habe, nur für mich behalten wollte.

DIE JUGEND

In meiner Jugend, etwa mit 24 Jahren, wurde ich aus der Geisterwelt, von meinen Verwandten und, wie es hieß meiner Schutzführung, darauf aufmerksam gemacht, dass ich den Menschen voraussagen sollte, dass ich ein Hellseher für diese werden und über Wunsch Gottes ihnen mitteilen soll, was es wirklich gibt und was alles ist. Ich erlebte damals Verschiedenes, hörte und sah, was zuerst für mich gar nicht so leicht war. Es war eher eine unangenehme Angelegenheit, denn ich befand mich ja auf dieser Welt, mitten unter all den anderen menschlichen Wesen, und doch war ich plötzlich im Kreise derer, die von hier gegangen sind, und zwar so, dass man mir von außen nichts anmerkte. Ich möchte keine lange Erklärung darüber abgeben, sondern nur erzählen, dass ich eines Tages etwa folgenden Anruf - ja, einen richtiggehenden Anruf - aus der jenseitigen Welt erhielt: „...Du sollst dich um uns kümmern, dann werden wir auch dir beistehen ...". Wie schon erwähnt, ist unser Leben ja eine Art Radioapparat, ein Fernsehgerät mit Empfänger und Sender. Haben Sie Ihre Gedanken schon einmal befragt, woher sie kommen? Bestimmt nicht. Und wenn, erhielten Sie sicherlich keine Antwort. Unsere Gedanken können von tief unten kommen - aus der Hölle - von hoch oben - vom Himmel -, aus uns selbst von Engeln, aus Gott oder von helfenden Geistern. Sie aber sind der Apparat und stellen diese Wellen selbst ein, auf welche Sie ansprechen; ob auf die hohe geistige Welle oder auf die weniger den Geist als dem Sinn der Welt entsprechende. Neid z. B. ist ein Gefühl, meinen Sie, vor ergeht jedoch ein Gedanke. Sie haben den Gedanken angenommen und ihr Wesen ging sofort auf das Gefühl des Neides ein, weil Sie noch in der Welt auf der Stufe des Neides leben. Nehmen wir das Gefühl der Freude. Es ist Ihnen etwas Angenehmes, etwas Erfreuliches widerfahren - nicht jedermann ist gleich in der Aufnahme der Freude.

Schenkt man einen Apfel, so wird der eine ihn weglegen und sogar entsetzt darüber sein, dass man ihm, gerade ihm einen Apfel gibt. Was meint der Schenkende denn damit, dass er dies getan hat? Ein anderer wird sich darüber freuen, er wird es als ein kleines Geschenk, ja, als eine rührende Aufmerksamkeit, betrachten. Dies bedeutet, dass beide andere Wellen haben, sie leben in einem anderen Bereich, einer anderen Gefühlswelt. Der Erstere in einer kalten Materienwelt, dem es mindestens eines Hauses bedarf, um überhaupt gerührt zu werden. Der Zweite braucht nur den Apfel, also nur einen Anstoß, um Freude zu empfinden; diese nette Geste erzeugt in ihm schon eine Welle, die er weitergibt bzw. ausstrahlt. Er strahlt das Empfinden der Freude aus und gibt damit unserer Welt eine neue Kraft der glücklichen Ausstrahlung, also die gegenteilige Empfindung des Ersteren. Freude empfinden kann eben nicht jeder, und dies ist schon ein Unterschied des Geistes. So gibt es erklärlicherweise verschiedene Wellen, die der Mensch in sich trägt, auf die er anspricht.

Die Welle des Hasses. Ein Mensch, der hasst, vergiftet nicht nur sich selbst, sondern sendet auch giftige Impulse aus. Er lebt in einer bösen Welt, einer Welt ohne Liebe, denn Liebe ist, anderen alles Gute zu wünschen. Der Hasser sendet Böses und will es auch, jedoch wird es mit Bestimmtheit selbst ihn treffen und nie den anderen. Es sei denn, dieser Mensch ist dem Hasse so verfallen, dass er auch noch eines Mordes fähig wäre, dann wird er selbstverständlich dem anderen schaden, doch sich selbst am allermeisten. Es sind dies die Geheimnisse der Gefühle, die ich bespreche, und es gibt viele Gefühle.

Sie sind meiner Beobachtung nach rege Geister, die uns

begleiten. Aus dem Gefühl entstehen dann die Gedanken, aus dem Gefühl bauen wir auf: Hat ein Mensch das Gefühl etwas zu können, so wird er dies bestimmt schaffen. Befällt ihn jedoch das Gefühl des Zweifels und der Angst, wird er seiner Arbeit nicht gewachsen sein und sein Plan aller Wahrscheinlichkeit nicht durchgeführt. Ein Gefühl muss rein sein, man muss vorsichtig damit umgehen, bedenken, was man fühlt und wie man dieses Gefühl ausnützt. Vielfach kommt dieses Empfinden aus dem Wesen des Menschen, entsprechend der Stufe oder Religion, in der er lebt. Die Gedanken, die das Gute und das Böse der Welt sind, wie bereits erwähnt, in Stufen - man könnte auch Regionen sagen - eingeteilt. Die Stufe 10 ist der Mittelstand, also zwischen beiden Extremen - von jedem etwas. Man könnte dies den Normalzustand der Menschen nennen. Die Stufen 9 und 8 sind bereits eine Besserung. 7 bedeutet schon fast einen reinen Menschen, die 6. Stufe ist wohl ein Hochmaß, denn mit der 5. Region gehen wir einer Besonderheit, wir sagen einer Heiligkeit, zu. Die Stufen oder Regionen, auf welchen sich der Mensch befindet – der seelische Zustand - sind die maßgeblichen Faktoren über das menschliche Leben und dessen Glück. Glücklicher ist bestimmt jener Mensch, der sich nichts wünscht, und das, was von außen kommt, einfach hinnimmt, und zwar mit Ruhe, Demut und Bescheidenheit. Ein Mensch, der sich ganz vom Allgeist, von unserem allmächtigen Gott führen lässt. Er wird wohl denken müssen, darf sich jedoch nichts wünschen und begehrt dies auch nicht. Er wird wissen, dass diese Gedanken, die in ihm sind, die an ihn herankommen, richtig sind. Und dass auch die Menschen, die ihm begegnen, ihn richtig beraten. D. h., er ist sich dessen bewusst, dass er sich in der Nähe Gottes am besten aufhalten kann. Jeder Mensch, der an Gott glaubt, ihn sehen und empfinden will, ist in seiner Nähe, denn Gott ist auch das Empfinden. Du musst ihn empfinden, dann bist du mitten unter ihm. Man muss ihn jedoch vorher suchen, dann kann man ihn empfinden. Nur darum, weil die Menschen so schwer glauben können und wollen, wird er ihnen ferngehalten. Der Glaube ist das Einmaleins, womit man in alle Stufen des Geistes eindringen kann, mit ihm kann man Berge versetzen. Er ist die Kraft und mit dieser Kraft kommt das Mächtige und Unfassbare an uns heran. Glauben ist wichtig, ohne ihn ist man verbannt. Man kann keine Arbeit ohne ihn erledigen, nichts kann man ohne diesen Glauben, und schon gar nicht die andere Welt betreten. Wie das Einmaleins zum Multiplizieren, Addieren usw. erforderlich ist, so ist dies auch der Glaube. Man kann nicht Einstein werden, und er hätte ohne das Einmaleins auch nicht Einstein sein können. Also bedeutet er den wichtigen Anfang. Der Glaube an die Gottheit, an das Gute wird jedem Menschen die Himmelstür öffnen und ihn eintreten lassen; hier lebt man anders, man betrachtet alles anders, man kann alles anders, man kann alles verstehen in jeder Weise, in jeder Lage. Man ist ja aus seinem Körper ausgetreten und verfügt nur über den Geist. Dies alles ist der Glaube.

Auch Ärzte wissen, dass es mit dem Patienten, der nicht daran glauben will, dass er leben und gesund sein wird, schlecht steht. Es ist im Glauben eine Kraft. Jedoch ist Glaube und glauben auch ein Unterschied. So beiläufig zu glauben ist nicht das Maßgebliche und das Entscheidende. Der unumstößliche Glaube ist es, mit dem man Berge versetzen kann. Mit wahrem Glauben haben wir wirklich einen Schatz in der Hand, der über alle Kräfte der Erde und über alle menschlichen Schwächen erhaben ist. Er wird uns das wahre Leben zeigen und offenbaren, wo wir uns hinstellen oder hingehen sollten, welchen Weg wir einschlagen müssen, um den Himmel zu erreichen. Der Himmel und die Hölle sind Sinnbilder, die uns unsere Welt gibt, über die wir sprechen. Der Himmel ist jedoch auf Erden in uns, wenn wir ihn im Glauben finden wollen. Viele Menschen haben auch schon die Hölle auf Erden, weil sie den Weg zum Himmel nicht gefunden haben. Es gibt auf unserer Erde Himmel und Hölle, man kommt nicht erst nach dem Leben dorthin, denn ein Gehetzter, ein Verbrecher, kann doch die Erde nicht als Himmel empfinden. Ich glaube, dass ein friedlicher guter Mensch schon hier Vorfreuden zum Himmel genießt, dass sogenannte Heilige den Himmel auf Erden empfinden, denn Gott ist ihr bester Freund. Er redet und denkt mit ihnen. Er besucht und fördert sie, er hilft ihnen, das ewige Leben und das ewige Spiel des Lebens zu meistern. Wo Gott ist, ist auch Friede, Glück, denn er gibt Unendliches, er zeigt Unendliches. Er ist nicht von dieser Welt gegangen, sondern mitten unter uns. Ein Glaube, der wirklich stark und rein ist, findet Gott als Erster. Wo Gott ist, ist Licht, aber es gibt auch Schatten. Der Schatten ist dies, was wir das Böse nennen, was wir vielleicht als den Teufel bezeichnen. Es sind auch hier wieder die Gegensätze; es ist nur gefragt, zu welcher Kraft wir uns bekennen, zu jener, die wir das Gute oder die wir das Böse nennen. Bewusst lieben die Menschen oft das Böse, und das Böse ist ja auch aufdringlich. Gott ist ebenfalls aufdringlich, er hat Priester und schickt uns diese sogar ins Haus. Er lässt Kirchen und Tempel bauen und gibt uns durch Propheten Weisungen, die wir vernehmen können oder auch nicht. Die Rührigkeit des Bösen vernichtet jedoch die Priester und Kirchen. Der Schatten des Lichtes ist auch rührig und gibt euch das, was ihr wollt. Er führt es vor unser Auge, und ihr könnt es unterscheiden, streichen oder annehmen. Ihr werdet durch ihn befragt, und er teilt euch mit, wie schön es ist, und der andere teilt es so mit, dass ihr ins Verderben gestoßen werdet. Beide sprechen und wollen Besitz von euch nehmen, das Gute und das Böse. Das Leben ist ein Rundgang, der eine geht über den langen Weg der Erläuterung in den Himmel, der andere kann jedoch schneller hinkommen, er darf den kürzeren Weg einschlagen. Es ist der Weg des ewigen friedlichen Seins.

Man kann wählen, wohin man sich wenden will. Wenn euch Böses widerfährt, so nur dann, wenn ihr es verdient habt, wie es euch bestimmt ist. Die Bestimmungen kommen also aus dem eigenen Ich. Das eigene Ich ist der Erzeuger, der Bestimmer eures eigenen Lebensweges, der Lebensstraße. So wie ihr mit eurem Geiste arbeitet und redet, so werdet ihr Euch in Zukunft wiedersehen.

Ich fand mein eigenes Ich durch ein Erlebnis, durch den „Ruf aus dem Jenseits", durch die Gnade des Allmächtigen, der mich wachrief durch seine Helfer, durch seine Geister. Wie immer es auch sei, es war ein übersinnliches Erlebnis, das ich hatte, das heute mein Leben bestimmt, dass ich überhaupt etwas mitteilen kann, etwas, das für die Menschheit, die es beachtet, ein Wort darstellt, das sie leiten und führen kann durch ihr Leben.

Mein Leben war ein großes Auf und Ab. Ich habe viel erlebt. Als Erstes entdeckte ich mich in einem Kinderwagen und wurde mir hier bewusst, dass ich mein eigenes Ich lebe. Ich erinnere mich: ich befand mich in einem Haus am Land in einem Kinderwagen, war umgeben von einem älteren Ehepaar, das ich bis zu deren Tod als meine Mutter und meinen Vater betrachtete. In Wirklichkeit waren dies meine Großeltern. Das Schicksal hat auch meine Karten gemischt, und diese Karten sind so gefallen, dass meine richtige Mutter - die damals ein armes Mädchen war - ihr

Brot in der Fremde, im Dienste anderer Menschen verdienen musste. Bei meinen Großeltern, die sehr redliche Leute waren, war ich gut aufgehoben und wurde im Sinne des Herrn erzogen, was ich als angenehm und für jedermann empfehlenswert empfinde. Die Religion sollte jedem Kind als erster Lehrbegriff mitgegeben werden, denn, wir wissen genau, der Lebensweg ist oft sehr steinig. Und wenn jemand keinen Halt und Trost hat, nichts von Gott und dem ewigen Leben weiß, auch keinen Trost fühlen kann, wenn ihm die Schwere eines Schicksals oder eines unangenehmen Lebens ist. Jedenfalls ist es gut, Bescheid zu wissen über das, was wir Religion nennen. Sicher sind andere Menschen, Andersgläubige usw. ebenfalls gut in ihrem Wesen, wenn sie es von Haus aus sind. Auch der kommunistisch Eingestellte wünscht sich nichts anderes als wir in Christus Eingestellte. Er wünscht sich nichts anderes als wir in Christus Gläubigen den Frieden. Trotzdem ist es ein Unterschied, ob ein Gläubiger oder Ungläubiger denkt und fühlt. Der eine hat seine Partei, der andere Gott und dies sind zwei wesentliche Unterschiede.

Von meinen Großeltern, die mich bis zu meinem 10. Lebensjahr betreuten, habe ich viel Gutes gesehen und erfahren. Wald und Berge umgaben mich in meiner Heimat. Mein Spielzeug suchte und fand ich in der Natur, sie bot mir alles. Mit Vorliebe kletterte ich auf Bäumen herum, es war mir keiner zu hoch, und ich fand es wunderschön.

Manchmal kam es auch vor, dass ich von einem Baum herunterstürzte, jedoch ohne größeren Schaden zu nehmen. Zu den Pflichten gehörte der Schulbesuch und in der Freizeit das Ziegenhüten. In den Wintermonaten, die ja sehr lange anhielten, gab es sehr viel Schnee, und man musste vom Haus aus einen Tunnel graben, um zur Straße zu gelangen. Gespielt hatte ich selten, erst auf dem Schulweg lernte ich mehrere kennen und fand auch Kameraden. An einen denke ich da ganz besonders, er war mir ans Herz gewachsen. Leider wurde er mir in seinem 8. Lebensjahr vom Tod entrissen. Dieser Verlust hinterließ in meinem Herzen große Trauer. Lange Zeit lag der Tod des Kameraden wie ein Schatten auf meinem jungen Dasein. Damals habe ich ja noch nicht erkannt, dass es keinen solchen Schatten gibt, dass der Tod eigentlich Leben bedeutet, ein Leben, ein Erwachen, wo man freudig und beschwingt den Raum der ewigen Zeit betritt. Heute weiß ich es, dass er in das Licht hinüberging und nur ich im Schatten blieb; er befand sich nun in der ewigen Zeit und im ewigen Leben. Damals konnte ich das alles nicht verstehen, und ich vermisste nur den Freund und Gespielen. So ist es wohl im Leben manches Menschen, wenn er verlassen wird. Er fühlt sich einsam und zwecklos. Einsam und verlassen fand ich mich auch dann, als mein Großvater nicht mehr war, und ich anderen Menschen anvertraut wurde. Ich kam in die Stadt, diese war für mich etwas ganz Neues. Sehr schnell habe ich mich an sie gewöhnt und fühlte mich in der Stadt äußerst wohl.

In der weiten Ebene der Umgebung Klagenfurts wurde ich etwas aufgeschlossener, freier. Die Stadt und die Meinung der Stadtmenschen über andere sagten mir zu, und ich empfand es als angenehm, dass sich der eine um den anderen weniger kümmerte. Dabei wurde mir klar, dass ich für mein Tun und Lassen allmählich selbst verantwortlich wurde. Schon damals zeichnete sich ab, dass mir persönliche Freiheit sehr viel bedeutete.

Jeder Zwang, besonders was ich später in der Politik erlebte, zeigte mir, dass die Menschen ihre Führer selbst schufen, denn sie konnten ja wählen und verneinen. Ich erkannte, dass die meisten Menschen keinen Weitblick besitzen und selten dem Richtigen zujubeln.

Mein Heim jedoch war, obwohl schön, meinem Empfinden nach, kein Zuhause mehr. Ich fühlte mich hier fremd, obwohl ich bei meinen Verwandten untergebracht war. Mir schien es oft, als sei ich das fünfte Rad am Wagen und der Gedanke, dass ich hier nur geduldet wurde, weil meine Mutter für mich ein Kostgeld bezahlte, verließ mich nicht. Aus diesem Gefühl heraus wurde mir die Notwendigkeit des Geldes bewusst. Meine Verwandten waren ja nicht gerade hässlich mir gegenüber, aber ich fühlte mich auch nicht heimisch bei ihnen. Trotzdem lehrten sie mich

Verschiedenes, pflegten mich, wenn ich krank war usw. Gerade während einer sehr schweren Erkrankung war ich damals Gott sehr nahe, und ich hatte das Gefühl, er würde sich um mich bewegen. Ich war mit ihm im Gespräch, und es war, als ob er mir die Kraft zum Weiterleben verliehen hätte, denn die Ärzte gaben nicht mehr viel für mein Leben. Heute kann ich leider nicht mehr richtig darüber urteilen, ob mir der Herr im Traum oder in Wirklichkeit erschienen ist; ich trug jedenfalls noch lange den Klang seiner Worte in mir.

Nach dem 8. Schuljahr kam ich in die Lehre. Es begann eine harte Zeit für mich. Zur damaligen Zeit erhielt man als Lehrling auch wenig Anerkennung, doch das von so manchem Bösen, das einem im Leben unterkommt, fern. Nach meiner vierjährigen Lehrzeit packte mich das „Fernweh". Obwohl man es zu Hause nicht gerne sah, nahm ich Abschied von dieser gewohnten Gegend und pilgerte lange Zeit durch Deutschland, lernte Menschen und Städte kennen, aber auch das Leben ohne Obdach, ohne zu wissen, wo bin ich morgen, was werde ich essen usw. Werde ich Arbeit haben, um ehrlich bleiben zu können usw. Gott sei Dank, ich konnte wenigstens Letzteres. Eine Erfahrung habe ich damals gemacht, trotz der großen Arbeitslosigkeit wurde mir in Deutschland, während dieser fast für alle Menschen schweren Zeit, nie eine Bitte abgeschlagen, und überall wurde ich mit Liebe aufgenommen. Während dieser

Zeit kam ich sogar in das nördlichste deutsche Gebiet. In diese Zeit fällt auch mein erster Berufswechsel; meinen Schlosserberuf hängte ich an den Nagel und wurde Vertreter. Durch diesen Beruf bewegte ich mich vielfach in den Städten, vor allem in größeren. Ich lernte Vieles, schöpfte neue Eindrücke von Menschen und Stadt. Ich kam mit Gutem und Bösem in Berührung, bis mich die Zeitverhältnisse und auch die Sehnsucht wieder nach Hause trieben. Auch hier hatte sich viel geändert, und für mich kam nun die Zeit, von der ich eigentlich erzählen wollte. Aus der auch Sie vieles entnehmen und lernen können, die Ihnen einen Weg weisen kann und Ihren Glauben stärkt. Es sind Dinge, die mein wirkliches Leben waren.

KONTAKT MIT DER GEISTERWELT

Nach meiner Heimkehr herrschte auch hier große Arbeitslosigkeit und daher fand ich auch keine Arbeit als Schlosser. Ich begab mich wieder zu meinen Verwandten, die mich freundlich aufnahmen. Ab nun befasste ich mich mit dem Vertrieb von Zeitschriften. Und in diese Zeit kam nun die Überraschung aus dem Jenseits. Ich war verheiratet, doch waren wir beide arm und lebten von heute auf morgen. Es gab Tage, wo man überhaupt nichts verdienen konnte, und wir brachten uns ziemlich schwer durch. Es war keine leichte, sondern eine wirklich bittere Zeit. Eines Abends, es war auf meinem Nachhauseweg, traf ich einen meiner Verwandten, welcher mir den Vorschlag unterbreitete, mit ihm an einer spiritistischen Sitzung teilzunehmen. Nach manchem Hin und Her entschloss ich mich mitzugehen, obwohl ich kein Verständnis dafür hatte und auch kein Interesse dafür aufbringen konnte. Trotzdem ging ich dann mit. Man brachte mich in ein Haus, das bei bestem Willen nicht als vertrauenswürdig empfunden werden konnte. Mit Rücksicht darauf, dass die wirtschaftliche Not groß war, nahm man diese Tatsache als gegeben hin. Es war hier ein Kreis von Menschen, die gerade keine Verbrecher waren, aber auch keinen besonders empfindsamen Charakter besaßen; keine heiligen Gestalten, vielmehr Trinker und solche Menschen, die das leichte Leben eher lieben. Ich hatte jedenfalls nicht das Gefühl, dass man hier mit der Geisterwelt Kontakt aufnehmen könnte. Es wäre mein größter Fehler gewesen, hätte ich nach meinem ersten Empfinden gehandelt, ich wäre niemals ein Hellseher geworden. Gerade diese Menschen, die bei näherem Hinsehen sehr viel Herzlichkeit gaben, haben mich zu dem gemacht oder vielmehr nur zu dem verholfen, was ich heute bin. Sie zog mich hinein in eine Welt, von der ich jetzt unendlich viel berichten kann. Es wurde mir bewusst, dass Gott nicht unbedingt höher gestellter und studierter Personen bedarf, sondern sich x-beliebig jemand aussucht, den er für seine Werke bestimmt.

Wie saßen an einem Tisch, der sich, wenn wir die Hände im Kreis herumlegten, bewegen sollte und dies geschah auch plötzlich. Für mich etwas sonderbar, es war kein Licht, nur von Ferne kam der schwache Schimmer einer Kerze. Man hätte also ganz schön schwindeln und mich hineinlegen können. Obwohl an viele Scherze gewöhnt, wurde ich, nachdem sich dieser erhobene Tisch nunmehr zu bewegen anfing, vorerst wohl etwas stutzig. Ich blickte nach oben und unten und konnte wirklich niemanden entdecken, der diesen Ulk ausgelöst hätte, denn alle Anwesenden hatten die Hände am Tisch. Es war eigenartig. Nun sollte der Tisch noch Antwort auf Fragen geben, die ja nicht kompliziert waren. Die Fragen nach Gewinn, Tod und Leben sind ja belanglos. Man erfuhr, dass es sich um einen nunmehr anwesenden Geist namens „**Nell**" handelt, und dieser beantwortete wirklich alle Fragen, was mir noch immer nicht einleuchtet, und ich hatte noch immer das Gefühl, beschwindelt zu werden. Ich suchte und blickte überall herum, konnte aber nichts finden, was mir die Sache erklärt hätte. Als bereits genug gefragt worden war und man wieder das Licht anmachte, kontrollierte ich nochmals alles. Vergeblich, es war nichts da. Eine Überraschung, die mir plötzlich widerfuhr und die anderen auf mich aufmerksam machte, hat mir jedoch gefallen. Ich legte meine Hände während des Suchens auf den Tisch und bemerkte, dass er sich nunmehr bewegte. Er stieg buchstäblich in die Höhe. Entsetzt nahm ich meine Hände sofort von der Tischplatte. Die Umherstehenden hatten ebenfalls ein sonderbares Gefühl, denn auf eine einzige Person hatte der Tisch bisher noch nie reagiert. Man teilte mir mit, dass ich ein Medium, ein für solche Experimente geeigneter Mensch sei. Meinerseits musste ich mir erst erklären lassen, was überhaupt ein Medium ist, und hatte den eben erlittenen Schrecken noch zu verdauen.

Dieses eine Mal, diese einzige Anwesenheit bei einer solchen Sitzung, hat mein Leben nunmehr in eine ganz andere Richtung, auf eine ganz andere Bahn gelenkt. Ich wurde durch eine Kraft darauf aufmerksam gemacht, dieses Rätsel für mich selbst zu lösen und auf dieser Ebene fortzufahren. Lange Zeit konnte ich nicht über das Erlebte sprechen und musste nur nachdenken und lebte in einer anderen Welt. Es war mir damals noch nicht klar, dass man ja nur das hört und empfindet, was für einen bestimmt ist und kann auch nur das jeweils Bestimmte lösen.

Meine Mutter kam mir unerwartet zu Hilfe. Selten hatte ich Gelegenheit, mit ihr beisammen zu sein, aber da ich nun verheiratet war und ein eigenes Heim besaß, kam meine Mutter zu uns auf Besuch. Es war etwa zwei bis drei Wochen nach dem zuvor angeführten Vorfall. Ich berichtete ihr von dem Erlebten und war eigentlich angenehm berührt, als meine Mutter mir klar machte, dass es so etwas gibt, und dass sie selbst das Gleiche zu tun in der Lage ist. Sie hat, laut ihrer Mitteilung, dadurch während meines Verweilens in der Fremde immer gewusst, dass ich gesund bleibe und mir auch sonst nichts passieren kann. Auf meine Bitte, mir so etwas vorzuführen, nahm sie einen Stuhl - es war an einem der folgenden Abende und meine Frau, die kein Interesse für solche Dinge zeigte, nahm daran nicht teil - und gab mir den Auftrag mitzuschreiben. Der Stuhl hob sich, meine Mutter hielt die Hand darauf. Sie sprach immer das Alphabet von A bis Z durch, und wo es dreimal klopfte, musste ich diesen Buchstaben schreiben. Es entstand ein kleines Wunderwerk. So viel ist bei anderen spiritistischen Sitzungen noch niemals herausgekommen. Meistens sind es verworrene Worte und Sätze. Wir staunten nach Zusammensetzung des Erhaltenen, denn es lautete wirklich: „Wir kommen heute im Auftrage Gott des Allmächtigen und wollen dir, lieber Simon, sagen, dass du leben sollst, gleich damals bei deinen Großeltern. Du sollst die Kirche heiligen und auch der Messe beiwohnen, fleißig sein, denn Gott wünscht den Fleiß, er ist wie ein Gebet. Du vernachlässigst jedoch auch das Beten und bist nicht mehr derselbe, der du als Kind warst. Es ist kein Wohlgefallen an Gott unserem Herrn in dir". Zum Schluss hieß es noch, dass diese anwesenden Geister sich für heute empfehlen, jedoch morgen wiederkommen werden. Da wusste ich, dass ich warten durfte, dass die Geister für mich etwas bereithielten.

Meine Mutter war nach Beendigung dieser sogenannten Sitzung vollkommen erschöpft, denn soviel hatte sie bisher noch nie zu schreiben bekommen. Desto mehr wir den Satz studierten, desto verworrener wurden wir. Wir konnten es nicht fassen, dass Gott sich mithilfe seiner Geister an mich wandte, bzw. durch sie zu mir sprach. Es war die größte Auszeichnung, die einem Menschen widerfahren kann, von Gott selbst einen Auftrag entgegenzunehmen. Ich wurde etwas nervös, begann wieder zu zweifeln. Doch wie konnte ich an einer Sache zweifeln, die mir in Verbindung meiner Mutter gebracht wurde. Sie hätte niemals auf falsche Fährten gesetzt, hätte mich niemals etwas glauben lassen, was nicht stimmt. Es war alles echt, alles war an ihr. Sie erzählte mir u. a., dass sie als junges Mädchen auch einmal ein sonderbares Erlebnis hatte und sogar einen Diebstahl auf diese Weise aufklären konnte. Es war nach dem Ersten Weltkrieg. Sie befand sich damals allein in ihrer Stube - sie war damals Zimmermädchen in einem Hotel - plötzlich fing der Stuhl an, sich zu bewegen, er ging. Es war jemand hier, ein Geist, der ihr etwas mitzuteilen hatte. Sie nahm Notiz davon und bediente sich des Alphabetsystems. Der Geist bat sie in seiner Nachricht um Verzeihung, nannte seinen Namen und entschuldigte sich wegen eines von seiner Seite aus begangenen Diebstahles. Er teilte auch mit, dass er im Krieg gefallen ist.

Meine Mutter erhielt später auch die Bestätigung über das Vorgefallene. Sie erfuhr, dass dieser Mann, ein Wiener, wirklich im Krieg gefallen war - es muss einige Tage oder Wochen vor seinem Erscheinen in dem Zimmer meiner Mutter gewesen sein. Dieser Mensch versuchte also noch nach seinem Tode, sich bei meiner Mutter entschuldigen zu wollen, wohl um seine Schuld zu erleichtern. Er kam auch später öfter zu ihr und hat sie, der Annahmen meiner Mutter nach, sehr oft beschützt. Bisher als für fremd Empfundenes wurde mir nun verständlicher. Meine Mutter brachte mich so auf diesen Weg, auf welchem ich mich jetzt befinde, denn ihr glaube ich. Auch die Wissenschaft[2] täte gut daran, sich manchmal mit diesem überirdischen Dingen zu befassen, doch scheint sich diese nicht an das Thema heranzuwagen, da man ja kein klares Bild erhalten kann. Und die Mitteilung einzelner Personen - das Erlebte dieser - kann noch keine stichhaltige Bestätigung erbringen. Vielleicht verlangt es nach reinen, mystisch Veranlagten, ich möchte fast sagen, heiligen Menschen, die unser Herr dazu aus ersieht, seine Worte zu vernehmen. Gerade darum aber wunderte ich mich, dass Gott auch an mich herantrat, mir den Auftrag gab, wieder so zu sein wie früher. Ich war nicht schlecht zu nennen, doch ging ich schon länger in keine Kirche mehr und kümmerte mich kaum um religiöses Geschehen. Und gerade mir wurde diese Ehre zuteil, ich

---

[2] Anmerkung: neben der Spiritualität ist die (Grenz)Wissenschaft, die dem beschriebenen am nächsten kommt, die Quantenphysik.

sollte wieder Gottes Wohlgefallen erringen. Er gab mir den Rat, wieder mehr im Glauben, im Geist der Kirche, in der Religion zu leben.

Ich habe verstanden und glaube, sowie ich an den Worten meiner Mutter nicht zweifelte. Auch kam der Gedanke, dass die Geister mich vielleicht narrten. Doch war es nicht so, wie ja auch das später Erlebte den Beweis dafür erbringt. Gott sucht eben nicht immer hochstehende, gebildete und studierte Diener, er kommt auch zum Einfachen, er sucht auch hier seine Diener. Seine Gedanken und Taten sind anders, als wir Menschen glauben. Die Weisungen, die durch ihn auf mich zukamen, waren nicht nur für mein Leben bestimmend, sondern bedeuten für viele Menschen, die mit mir in Kontakt kommen, Gutes und Nützliches. Hätte ich diese Worte, seine Worte, damals nicht ernst genommen, darüber eventuell gelacht, könnte ich heute nicht mit Stolz sagen, was Gott von mir erwartete. Ich hatte Ehrfurcht, begann viel nachzudenken und wurde religiös. Man kann sich vorstellen, dass ich sehr gespannt war, was der nächste Abend bringen würde. Ich war in großer Erwartung und ahnte etwas Besonderes. Nun war der Abend da. Meine Mutter machte dieselben Vorbereitungen wie tags zuvor. Wir vernahmen bzw. entzifferten folgende Worte: „Wir sind heute wieder da, deine Schutzführung, dein Vater sowie Verwandte und Bekannte. Wir alle kamen, um dir zu helfen, ein neues Leben zu beginnen. Du sollst dich mit uns befassen, dann wirst du von uns hören, bis dahin können wir dir nicht dienen".

Ich befasste mich insofern, indem auch ich die Hand auflegte, doch es klappte nicht. Man riet mir Geduld zu haben, sie würden mich laben. Was laben bedeutet, verstand ich damals nicht. Erst heute weiß ich, es war der innere Drang, doch nicht nachzugeben und sich damit zu befassen, auch wenn meine Mutter nicht mehr da ist. Die verschiedenen Anweisungen, die an diesem Abend kamen, bedeuten nur, dass ich beten und glauben muss. Es dauerte sehr lange, beinahe zwei Stunden. Meine Mutter war vollkommen erschöpft.

Die folgenden Tage brachten mir wieder eine Überraschung. Meine Mutter sollte 14 Tage bei uns bleiben. Ich ging wie gewohnt meiner Arbeit nach. Eines Abends - im Laufe einer solchen spiritistischen Sitzung - sagten mir die Geister wieder, dass sie von Gott käme, und dass Gott durch mich die Menschen lehren wolle. Hier beging ich einen großen unverzeihlichen Fehler. Ich redete dazwischen und fragte, was ich lehren sollte. Leider wurde dieses Gespräch sofort unterbrochen, und es hieß nur noch, dass ich zu schweigen hätte und lernen sollte, nicht dreinzureden. Die Geister verstummten, ohne auf das vorher Begonnene zurückzukommen. Es war für mich unverständlich, ich empfand alles als eine große Dummheit und wollte unbedingt erfahren, wozu mich Gott bestimmt hat. Heute noch befällt mich eine gewisse Trauer, hier nicht klüger gewesen zu sein, denn durch meine Voreiligkeit habe ich nicht viel gehört und sehr viel versäumt. Wie gut wäre dies alles heute zu wissen, denn viele Menschen sprechen mit mir über Gott und das Jenseits.

Im Sinne Gottes schreibe ich jedoch dieses Büchlein, damit die Menschen entnehmen und verstehen können, was um uns ist, warum die Menschen das Gute und das Schöne nicht sehen können. Ja, diese Abweisung brachte mir Nachteile, ich habe eine Auszeichnung beiseitegeschoben.

Eines Tages während der Mahlzeit erzählte mir meine Mutter, dass am Vormittag des Tages der Stuhl in ihrem Zimmer sich wieder bewegte. Meine Mutter stellte sich auf das ein und erhielt die Mitteilung, dass ich, ihr Sohn, ein Hellseher werden sollte. Anschließend war der Sessel wieder ruhig. Meine Mutter erzählte diesen Vorfall genau, wie er war.

Es kam die Zeit, da meine Mutter wieder abreisen musste. Ich war alleine und bemühte mich regelmäßig durch Handauflegen nachzuahmen, was mir meine Mutter beigebracht hatte. Es rührte sich jedoch nichts. Es vergingen viele Abende, ich hatte keinen Erfolg. Es bedurfte großer Geduld und dies scheint die **Labung** von drüben gewesen zu sein, denn ich habe diese Geduld aufgebracht. Stundenlang saß ich, legte die Hand auf und wartete auf ein Klopfzeichen. Es war eine lange Zeit der Prüfung. Man hat sich mir durch andere Zeichen genähert und jetzt, wo ich wusste, dass es etwas gab, blieb alles stumm. Eines Abends habe ich doch etwas erreicht, und es kam Bewegung in den Tisch. Ich sagte das Alphabet durch und schrieb. Man fragte mich vorerst, wen ich vermute. Ich tippte auf meinen Vater, meinen Schutzführer. Es war alles richtig. Es meldete sich eine Frau Naumann, dann war der Tisch wieder ruhig. Er gab keine Zeichen mehr von sich. Diese Dame, die sich meldete, war mir aus Hamburg bekannt, und sie starb vor einigen Jahren. Es bedeutete für mich eine bessere Bestätigung, als wenn sich mein Vater oder sonst ein Verwandter gemeldet hätte, denn an diese Dame habe ich wirklich nicht gedacht. Es war mir ein Beweis, dass dies keine Autosuggestion darstellen konnte.

Wieder wartete ich. Ich wartete sehr lange umsonst. Inzwischen hörte ich, - zumal ich mich ja jetzt mit diesen Dingen befasste - dass auch ein Bleistift durch Geisterhand geführt werden kann, wenn man diesen in der Hand hält und eben Verbindungen mit drüben hat. Ich setzte mich an meinem Tisch, nahm Bleistift und Papier zur Hand und versuchte es. Ich wartete wieder Tage, Wochen und Monate.

DER TELEGRAF

An einem Sonntag, ich war eben aus der Kirche zurückgekehrt - jetzt besuchte ich die Kirche regelmäßig und betete für die armen Seelen - es war vielleicht 10 Uhr vormittags und setzte mich nieder. Ich legte das Papier auf den Tisch und nahm den Bleistift zur Hand. Siehe da, es war wie ein Wunder. In meine Hand und in dem Bleistift kam Leben. Sie bewegten sich, geführt von einer unsichtbaren Macht. Ich konnte alles lesen, machte mir Gedanken und ordnete, denn ich hatte ja nichts weiter zu tun, als die Hand und den Bleistift leicht zu halten. Ich wurde geführt und empfand eine unbeschreibliche Freude. Das Ziel war erreicht, ich erhielt Antwort auf meine Fragen, ich hatte Verbindung mit dem Jenseits. Vorsichtig geworden durch die Erfahrung der letzten Zeit, glaubte ich nicht, dass dies so bleiben würde, obwohl ich auch noch nach Tagen, genau wie zuvor, zu schreiben vermochte. Meine Fragen wurden beantwortet und ich erhielt Richtlinien, wie ich leben sollte usw. Die Schrift änderte sich je nach dem Geist. Zuerst war alles groß, plump, doch dann wurde alles klarer je nach Intelligenz des jeweiligen Führers.

Plötzlich kam es jedoch anders. Es schrieb Wellen und gleichzeitig empfing ich die Nachrichten, d. h., ich konnte diese in meinem Geist lesen, ich war wie ein Telegraf. Nur wer das selbst erleben konnte, kann das verstehen. Es ist anders, alles ganz anders, als wir annehmen, wir werden es später noch erfahren. Die Antworten, die mir durch Zeichnungen von Wellen an mein Telegraf, meinen Geist weitergegeben wurden, konnte ich lesen und sie dem Fragenden mitteilen. Es waren oft weise, helfende, intelligente Worte und Sätze. So begann meine Hellseherlaufbahn!

Die ersten die sich mit mir befassten, waren Verwandte, dann kamen viele andere Menschen. Mein Telegrafenempfang verblieb jedoch auch nicht. Ich machte wieder eine Veränderung durch, stieg höher und höher, spürte auch böse Intelligenzen, die mich erfassen wollten. Gott ließ mich eben wissen, dass nicht alle Geister gleich sind. Und mein ständiges Gebet, welches allein auch zu wenig war, empfand ich als Schutz, doch bedurfte es einer besonderen Segnung durch Gott, um gegen diese bösen Kräfte gefeit zu sein. Eines Mittags, etwa um 13 Uhr, nahm ich meine obligaten Gegenstände zur Hand, um wieder etwas zu erfahren. Jedoch verspürte ich diesmal eine andere Kraft, und zwar eine so furchtbare peinigende Unruhe, dass ich den Bleistift entsetzt fallen ließ, mich niederlegte und wartete, bis ich wieder zur Ruhe gekommen war. Die Unruhe war furchtbar. Ich wusste, dass das Böse bei mir war, doch an mir vorbeiging. Die Kraft meines Willens und des Bleistiftes hat diese andere Kraft herbeigezogen. Noch eine Stunde später war mir, als hätte ich einen elektrischen Schlag erhalten. Ich wagte es kaum, den Bleistift wieder anzurühren. Das Erlebte war furchtbar, erst heute verstehe ich die Notwendigkeit, dass dies geschehen war. Ich hatte Angst, Angst den Verstand zu verlieren. Trotzdem überwältigte mich das Verlangen nach weiteren Fragen, vor allem nach dem Wissen, was mit mir geschehen war. Mit Vorsicht nahm ich Bleistift und Papier wieder zur Hand und begann erneut. Nun bekam ich von einer bisher unbekannten Intelligenz den Auftrag, mir ein geweihtes Kreuz an die Brust zu legen, und es befände sich ein solches im nahe gelegenen Nachtkästchen. Damit könnte mir so etwas nicht mehr passieren. Es war das Böse, das von mir Besitz ergreifen und mit mir sprechen wollte. Doch stimmten unsere beiden Frequenzen nicht überein. Darum war ich so erschüttert.

In diesem Moment, als ich das Kreuz genommen hatte - es war ein kleines, jedoch geweihtes Kreuz - strömte mein Mund plötzlich einen sonderbaren, großartigen Duft aus. Er war stark und wunderbar, sodass ich nichts damit vergleichen könnte. Auch meine Bekannten verspürten diesen Duft, der kam und ging. Dies geschah dreimal hintereinander. Das Unglaubliche überwältigte mich förmlich. Sprachlos ging ich an diesem Tag zur Arbeit und hatte wenig Eifer, etwas zu tun, die Gedanken trieben mich immer wieder meinem Erlebnis zu.

Tage zuvor hatte ich bereits eine Vision (auch diese Worte verstand ich damals noch nicht), und zwar erschien am Himmel bzw. in einer gewissen Höhe über mir ein Mann, der da war und wieder verschwand. Dies wiederholte sich einige Male, und dieser Mann war Jesus Christus. Verwirrt fragte ich meine Frau, ob sie verstehen könnte, dass man etwas, was nicht da ist, plötzlich sehen kann. Ich wusste nicht, dass das Hellsehen war. Meiner Frau konnte ich auch das mir erschienene Bild nicht sagen, ich wollte mich ihr nicht mitteilen. Sie konnte sich eine Sache jedenfalls nicht richtig vorstellen, und ich wusste nun nicht mehr, was mit mir los war. Ich fürchtete überzuschnappen, meinen Geist durch das Befassen mit dem Übersinnlichen verlieren zu müssen. Eine wahrlich gefährliche Angelegenheit.

Es vergingen Stunden und wieder war plötzlich Christus um mich. Er kam mir langsam näher und dann entdeckte ich, dass auch andere Geister sich um ihn befanden, doch war es mir nicht möglich, diese anderen zu erkennen. Auch diese Erscheinungen waren da und verschwanden wieder. Zwei bis drei Mal am Tag wiederholte sich dies. Seit dem Erlebnis mit dem Duft war eben Christus um mich. Eine wirklich heilige Zeit, doch ist mir Jesus seither nie mehr erschienen. Damals war ich mir auch nicht so bewusst, dass es wirklich Christus war, meinte eher, dass diese Vision eine Krankheit darstellt, und fürchtete mich vor eventuellen weiteren Halluzinationen. Ich war immer schon ein Mensch, der achtgab, was er sah, der lieber öfter hinsah oder hinhörte, bevor er etwas akzeptierte. Bereits in meiner Jugend durchdachte ich alles eher dreimal, bis ich an etwas glaubte. Manchmal tat ich dadurch unrecht. Diese Zweifel ließen später auch die Geister nicht immer an mich heran und dieser Zweifel, saß wie von Geistern selbst bestätigt im Hinterkopf. Er verstellte allen die Tür, den Eingang. Man rief mir zu, dass ich aufwachen und etwas gläubiger - den Äußerungen dieser Intelligenzen gegenüber - werden sollte. Ja, an diesem Tag, als mir der Duft und Wohlgeruch zum ersten Mal kam, war ich wirklich nicht bei der Sache, ich hatte keinen geschäftlichen Erfolg. Gut, es waren ja viele Vertreter in dieser Branche unterwegs und dies war auch ein Grund. Es war eine schwere Zeit, man sollte auch darüber nachdenken. Z. B. sind Politiker der Ansicht, sie hätten die Welt, die einzelnen Staaten, heute zu diesem Wohlstand geführt. Diese Auffassung ist nicht richtig, denn nur Gott allein bestimmt die Zeiten und damals wollte er eben Arbeitslose, Menschen zeigen, wie schwer es sein kann, wenn man keine Arbeit und somit auch kein Brot hat. Heute will er es eben wieder anders. Heute bekommt fast keiner genug, viele Menschen sind trotz des Wohlstandes unzufrieden. **Wenn diese Zeit so bleibt, gehen wir einem Problem entgegen**. Man fragt sich schon, wo man die Arbeitskräfte und das viele Geld hernehmen soll. Alles geht für Unkosten auf. Hoffentlich verstehen unsere Politiker dies alles dem Guten entgegenzuführen, das Richtige zu tun.

Zur Zeit der allgemeinen Wirtschaftskrise wunderte sich niemand, dass man wenig Geld hatte, jedoch empfand ich gerade dieses als unangenehm, weil ich überhaupt keinen geschäftlichen Erfolg hatte. Mein Telegraf teilte mir nun wieder mit, dass ich für heute das Arbeiten lassen und lieber in die Kirche gehen und beten soll. Es war so, und ich fügte mich. Unterwegs überfiel mich auch noch ein stechender Schmerz in der Herzgegend. Wahrscheinlich ein Nerv, dachte ich. Doch mein Telegraf belehrte mich eines Besseren und teilte mir mit, dass dies ein Seelenstrang sei. Solche Gedanken habe ich mir persönlich nie gemacht, und es ist daraus die Wahrheit des Ganzen zu entnehmen.

Während des Ganges zur Kirche empfand ich neuerlich diesen Duft in mir. Ich näherte mich der Gottesmutter neben der Stadtpfarrkirche in Klagenfurt. Diese Gottesmutter befindet sich im Freien. Ich kniete mich ohne Scheu vor ihr nieder und betete inbrünstig, dankte ihr für alles und Freude kam über mich.

Mein Telegraf ließ mich nun die Stimme der Gottesmutter aufnehmen. Sie sagte mir, dass sie, da ich ein guter Mensch sei, mir noch in manchem zur Seite stehen und helfen wird, befahl mir auch, mich umzudrehen, denn dort - hinter mir - liege ein Schilling. Ich tat dies auch und war überglücklich, als ich den Schilling tatsächlich fand. Ein Schilling bedeutete zu dieser Zeit viel für jemand, der weder reich war, noch sonst einen guten Verdienst hatte. Sie deutete weiter an, dass ich noch viele Schillinge verdienen werde. Interessant daran ist nur, dass ich den Schilling selbst nicht entdeckte und dies, meiner Meinung nach, eine Gabe von oben gewesen sei. Doch mag dies jeder auffassen, wie er will. Für mich war es ein Geschenk von der Mutter Gottes. In der Kirche angekommen, erlebte ich erneut diesen Duft.

Der eine Schilling verschaffte meiner Frau und mir an diesem Abend das Abendbrot. Es gab Krautsuppe mit Kartoffeln. Für uns war es ein wunderbares Essen.

Ich versuchte mich an diesem Abend wieder mit dem Jenseits zu befassen, doch es kam etwas Wichtigeres, eine göttliche Segnung. Es war die Abstimmung mit dem Übersinnlichen dieser Welt. So legte ich mich an diesem Abend um 21 Uhr ins Bett, und es geschah von da an etwas Sonderbares, das eigentlich nur Mystiker verstehen können. Ich kann auch nicht alles genau wiedergeben, teile es Ihnen daher auch nur im Telegrammstil mit. Wir sind keine starre Welt, in der es nur Geburt und Tod gibt, obwohl wir unseren Planeten als Strafe ansehen müssen. Es herrscht ja auch eine unglaubliche Unordnung, die Menschen sind selten gut, zum Großteil habgierig, böse und geistig unreif. Das Reifwerden kann man auf dieser Welt jedoch erringen, wenn man sich nur an die Gebote Christi hält, denn für uns wurden diese ja gemacht. Und Gott liebt es, wenn wir danach leben. Wenn wir sündigen, strafen wir uns selbst. Das Gebot ist wie ein Hinweis, nicht zu einer Stromleitung zu gehen bzw. diese zu berühren, da man sonst tot umfällt. Sie ist eine Starkstromleitung, eine Warnung, ein Gebot. Es ist schwer, in dieser Welt seine eigenen Wege zu gehen, man wird förmlich mit hinuntergezogen. Man soll sich jedoch bemühen, hinaufzukommen.

REINIGUNG

An jenem Abend, in jener Nacht, lernte ich verstehen, was Sünde ist und wie eine solche bestraft wird. Mir war plötzlich so, als ob nicht mehr ich, sondern eine andere Intelligenz sich in meinem Körper befindet. Es war eine reine Intelligenz, die mich führte und mir half. Sie bewegte sich in mir, hob meine Hände und bewegte meinen Leib. Es war der Geist, der sich in meiner Hülle befand. Ich selbst hielt mich im Hintergrund und sah zu, was man mit mir machte. Oh, bestimmt nichts Schlechtes. Vorerst wurde ich einer genauen Befragung unterzogen, musste alles Böse, das in mir war und all meine Sünden eingestehen. Es begann mit dem 1. Gebot, und ich ging weiter. Ich verspürte auch etwas, das heraus musste. Es steckte in mir und sollte nicht hineingehören. Dieses andere Wesen wuchs an und warf dann meinen Sündenball heraus. Ich hatte nur zu beten und auch zu leiden. Ich befand mich in großer Not. Diese Prozedur dauerte lange Zeit, und wenn es eine große Sünde war, die ich zu Protokoll gab, wollte diese nicht von mir weichen. Es war ein richtiger Kampf mit mir selbst, wie der Kampf mit einem Untier, und mein Körper lag vollkommen in Schweiß gebadet da. Meine Sünden waren „Gott sei Dank" nicht größer, als dass sie nicht jeder Mensch unter uns begeht. Trotzdem war es anstrengend und zermürbend, manche davon loszuwerden. Die Sünden waren wie Kobolde, die sich einfach nicht von mir trennen wollten. Meine Seele wurde gereinigt, und dass ich beten musste, ist ja selbstverständlich. Ein Zauberer war am Werk und expedierte alles Schlimme aus mir heraus.

Später wurde mir empfohlen, das Kreuz zur Hand zu nehmen, dieses nämliche Kreuz, bei welchem ich den sonderbaren Duft verspürte. Das andere Wesen nahm es dann und ritzte mir damit die Stirne, dass diese blutete. Genau in diesem Moment durchzog mich ein Funke, der auch den ganzen sich um mich befindlichen Raum erhellte. Es war die Erleuchtung, eine Segnung, und es wurde mir danach wesentlich leichter. Es kam ein großes Verstehen in mich, und es wurde mir eine geistige Kommunion zuteil. Es muss gerade 5 Uhr morgens gewesen sein. Ein anstrengender schwerer Weg von 21 Uhr abends bis 5 Uhr früh, doch nun fühlte ich mich frei von allen Bösen und war gegen böse Geister gefeit. Das Göttliche hielt Einzug. Ich konnte in mich hören und einer Stimme entnehmen, dass das Werk nunmehr vollbracht sei und mich jetzt das Hellsehen lehren würde, wie dies ja bereits versprochen war. Mein Tun und Sprechen wurde beaufsichtigt - ich fühlte wirklich, ein Hellseher geworden zu sein.

Um 5 Uhr früh ging ich dann zur Kirche und nun erhielt ich von meinem zweiten Ich den Auftrag, mich dann wieder schlafen zu legen. Meine Nerven waren sehr stark mitgenommen, was durch das Eintreten in die andere Welt - durch das bisher Ungewohnte - wohl verständlich war. Es war eine andere Stimmung, mein Körper befand sich in einem anderen Zustand. Im Großen und Ganzen war meine Freude in mir groß und niemand dachte, dass ich je mit den Verstorbenen reden könnte. Mit vielen habe ich Verbindung und sie stehen mir bei. Doch das eine habe ich niemals in Erfahrung bringen können, was die Geister drüben im Jenseits tun. Und ich stelle fest, dass ich auch heute in dieser Beziehung nicht klüger geworden bin, obwohl ich mich mit dieser übersinnlichen Welt schon lange befasse.

HELLSEHER ALS BERUF

Die Geister sind mit Antworten sehr vorsichtig, und sie wichen mir manchmal sogar auf meine Fragen hinsichtlich aus. Man lehrte mich u. a., wie ich mich zu benehmen habe, und wie ich mich anderen mitteilen muss, wenn ich als Hellseher arbeite. Ich hielt mich an diese Anweisung und teile mich der Umwelt mit. Viele glaubten mir nicht. So gab mir die Stimme in einem Fall den Befehl, die Äußerung zu tun, dass sich eine anwesende Person vor einiger Zeit das Bein gebrochen hätte. Ich gab dies weiter, und die Tatsache wurde bestätigt. Dadurch bekam ich selbst die Überzeugung, nicht an der Nase herumgeführt zu werden. Die Menschen forderten mich schließlich auf, noch mehr zu sagen, und so war ich im Laufe einer Woche in meiner näheren Umgebung als Hellseher bekannt. Die Leute kamen schon von selbst zu mir, und ohne dass ich danach verlangte, wurde mir ein Honorar - damals 50 Groschen - bezahlt. Für mich war das immerhin ein Verdienst. Drei Monate lang lehrte mich diese Kraft das Sehen weiter, und sie sprach auch mit mir, sodass ich der Annahme war, dies würde in Zukunft immer so bleiben. Ich konnte meinen Geist bitten, mich um sieben Uhr morgens zu wecken, und es geschah. Oder ich bat um Auskunft über verschiedene Personen und erhielt sie. Auch warnte mich der Geist vor mancherlei. Oft noch kontrollierte ich meine Äußerungen, sie wurden mir stets als ein- oder zugetroffen bestätigt. Es bedurfte unter der Führung dieses Beistands keiner großen Anstrengung meinerseits.

Ein anderes Mal, wenige Zeit vor dem Hitlerregime, ging ich an einer Buchhandlung vorbei und wurde plötzlich durch meinen Führer darauf aufmerksam gemacht, in die Auslage zu sehen. Es war hier ein Buch mit dem Bildnis von Adolf Hitler. Meine Augen trafen sich bei weiterem Hinsehen mit denen des Führers. Es war alles hell, doch auf einmal kamen Schatten, die jedoch schon zuvor auf diesem Bild vorhanden waren. Mein Geist äußerte, dass genau wie dieses vorangegangene Empfinden meinerseits, es mit Hitler kommen werde. Zuerst wird er viel Gutes tun, doch dann kommen übergroße Schatten. Es folgt eine dunkle schwere Zeit mit ihm.

Mein Führer zeigte sich nicht einverstanden mit der Person Hitlers und ließ mich schon damals ahnen, dass mit diesem Mann eine große Vernichtung und viel Elend der Welt und vor allem Deutschland angetan wird.

Später, als Adolf Hitler in Österreich war bzw. nach Österreich kam, jubelten die Menschen, freuten sich aufrichtig und trugen Hakenkreuze. Auch ich, der diesem Treiben zusah, wollte gleich den anderen mir ein solches anstecken. Zufälligerweise lag eines vor mir am Boden. Als ich mich danach bückte, und es aufheben wollte, verbat mir mein Geist dieses Tun mit der Bemerkung, es sei das "Zeichen des Blutes", und es ist nicht gut, wenn ich es an mich nehme. Es hat sich auch bald herausgestellt, dass sich alle Freude und alles Jubeln in das Gegenteil umwandelten. Viele Menschen starben oder fielen, zumindest wurden sie oft in böse Situationen gebracht.

Ja, ich konnte diese Vernichtung zu diesem Zeitpunkt voraussagen. Gegenüber einer Verwandten machte ich auch einmal eine Prophezeiung, und zwar, dass sie noch im Laufe des Aprils - trotzdem noch keine Anzeichen dafür vorhanden waren - ihre Wohnung verlieren bzw., dass man ihr kündigen wird. Es war der 28. April, als ich sie wieder traf, und sie war froh, dass meine Voraussage nicht gestimmt hat. Ich musste meinem Führer jedoch folgen und sie darauf aufmerksam machen, dass oft an einem Tag mehr geschehen kann als im Laufe eines ganzen Monats. So war es auch. Der nächste Tag brachte ihr die Kündigung. Ich konnte ihr nur wieder meinen voraussehenden Rat geben und sie beruhigen, dass sie in nicht allzu langer Zeit wieder im Besitze einer Wohnung sein wird, und zwar in einer Privatvilla bei einer Frau. Auch diese Vorhersage traf ein und gab mir immer mehr Mut, aus mir herauszugehen und mich dieser Tätigkeit noch mehr zu verschreiben. Es war ja der Wille Gottes, der mich führte, der mich durch ein intelligentes Wesen führen ließ.

Es kamen immer mehr Leute zu mir. Ich brauchte nicht mehr Zeitschriften zu werben, denn es kamen viele zu mir, welche mir von großen Nutzen waren. Vor mir saß einmal ein Mann namens Wappnig. Ich hatte ihn zuvor noch nie gesehen, und nun sollte ich ihm etwas sagen. Da sagte mir mein sogenannter sechster Sinn, dass er außergewöhnlich viele Bücher besitzt, was er mir auch bestätigte und jeder, der Herrn Wappnig kannte, wusste, dass er vielseitige und vor allem mystische Bücher in seiner Bibliothek hatte. Er erzählte mir seine Geschichte. In der Jugend stieß er zum Freidenkertum, und erst durch Bücher, und zwar zuerst durch Astronomie fand er heraus, dass der Ordner des Weltbildes totgeschwiegen wurde. Und sein Verstand fand heraus, dass er in seiner Jugend absichtlich von Eltern und Lehrpersonen irregeführt wurde, dass man Gott und die Religion Opium nannte, und es eigentlich so oft die Politik ist, die den Menschen die Augen verbindet, wo sie eigentlich geöffnet werden sollten. So wurde aus Saulus ein Paulus. Er war ungemein gelehrt, er wurde mein Freund, lehrte mich Philosophie und Religionen kennen, und er brachte mir mystische Bücher. Aus den Büchern konnte ich ersehen, dass schon Sokrates von der inneren Stimme sprach, die eben auch ich jetzt spürte und auch hörte.

Aber durch weiteres Lesen fand ich heraus, dass meine Erlebnisse andere Menschen in noch höheren Spähren brachten, ja sogar zur Vereinigung Gottes, zur „Mystischen

Hochzeit". Aus den Büchern erfuhr ich, dass das, was ich erlebte, schon vor tausend Jahren so war und immer so sein wird, dass Geister mit der Einwilligung Gottes helfen können oder auch geschickt werden von ihm, wenn der Mensch reif genug ist.

Denke oft an Gott, lebe nach seinen Geboten, und dann bist du sicher, dass er auch zu dir spricht und dir manche Gabe gibt. Ich habe aus dem Buche von Rama Krishna, der ein indischer Yogi war, herausgeschrieben, was er uns ausdrücklich sagt: „Gott kann verwirklicht werden, man kann ihn sehen, mit ihm sprechen, wie ich mit euch. Aber wer kümmert sich um desgleichen? Man vergießt Tränen wegen eines Weibes, wegen der Kinder oder Besitztümer, aber wer tut es aus Liebe zu Gott? Demjenigen, der es aufrichtig um seinetwillen tut, dem gibt er sich kund". Nach Rama Krishna kann man Gott sehen und sprechen, wenn man in Gott lebt, an Gott denkt und seine Gebote befolgt. Gott lebt nicht nur im Himmel, er ist mitten unter uns, nur wissen wir es nicht. Niemand erklärt es uns, und wir glauben, Gott erst im Himmel sehen zu können. **Und doch ist es ganz anders**.

Wir brauchen nur seine Gebote zu befolgen und zu ihm im Gebet zu sprechen. Unsere Sehnsucht wird er dann durch sein Kommen lohnen. Jedoch kümmern wir uns nicht, wir sind dazu zu bequem, weil es zu anstrengend erscheint, so zu leben, wie wir sollen, ohne Leidenschaften, nicht zu rauchen, nicht zu trinken, vielen weltlichen Freuden zu entsagen und in sich gekehrt zu sein. Darum geht Gott an uns vorüber und lässt uns leben, d. h., nach unserer Fasson selig werden.

Hätte ich nicht diese Gnade gehabt und nicht das Wunder der anderen Welt erlebt, ich würde auch nichts anderes wissen, als das, was man eben als Mensch sieht und hört. Vielleicht wäre ich der Ansicht, Gott sei nur ein Phantom, denn die große Ungerechtigkeit der Welt, die vielen Leiden und Kriege tragen wirklich nicht dazu bei, an eine echte Gerechtigkeit zu glauben. Jedoch weiß ich heute, dass dieses Weltbild nur Schein und Vergänglichkeit ist und hinter diesen Kulissen die Gerechtigkeit und das ewige Leben verborgen sind. So sprachen mein Freund und ich über alle Dinge, die uns interessierten, auch die Welt ließen wir nicht außer Acht. Wir beide arbeiteten und bauten uns ein Haus, und wir bauten beide bei manchen Menschen bessere Gedanken und ein anderes Weltbild auf, sodass das Leben dann für viele leichter zu meistern war.

Schon vor langer Zeit ging mein Freund in die andere Welt, aus der er mir einmal für meine Gesundheit eine wichtige Botschaft zukommen ließ. Er nannte mir ein Mittel, welches ich nicht kannte und noch nie gehört hatte, das jedoch in jeder Apotheke erhältlich war. Seine Botschaft an mich kam unvermittelt, und ich konnte ihn auch vor mir sehen. Er teilte mir mit, dass er dort gut angekommen sei, und machte mich darauf aufmerksam, dass dieses Leben auch seine Gefahren und Beschwerden habe, was insbesondere für Selbstmörder gelte. Es sei eine Mahnung an alle, die glauben, vorm Leben davonlaufen zu können, um für immer tot zu sein. Von ihm selbst - meinem verstorbenen Freund - muss man wissen, dass er nicht als Weiser oder Heiliger gestoben war und deshalb auch noch eine lange Straße ziehen muss, um das Ziel aller Weisen zu erreichen, zu sein im „Seienden".

Eines Abends stand ich vor dem Fenster, da hörte ich meine innere Stimme zu mir sagen: „Jetzt wirst du dein Heim verlassen, schon in wenigen Wochen beginnt ein Krieg, auch du musst hinaus ins Feld. Auf deinem Lebensweg wird sich ein großer Stein befinden, und der Weg wird ein dorniger sein. Doch es wird dir nichts passieren". Ganz begriff ich noch nicht, was gemeint war, jedoch konnte man ahnen, dass tatsächlich ein Krieg im Kommen war.

Die Stimme in mir prophezeite den Krieg bis 1945 und damit auch das Ende Adolf Hitlers. Es sind noch eine Menge Zeugen am Leben, welchen ich dieses Wissen damals mitteilte. Genau wie vorausgesagt, so kam es auch. Ich musste in den Krieg, kam aus diesem heil zurück. Der große Stein aber war die russische Gefangenschaft, wo es viel

Hunger, Kälte und andere Strapazen gab, die vielen Menschen das Leben kostete. Wir arbeiteten in Kohlengruben, Steinbrüchen, am Holzplatz und mussten von früh bis spät schwere Arbeit leisten. Wir kamen unter anderem auch mit vielen Zivilisten zusammen und konnten feststellen, dass der Großteil der russischen Menschen gut ist. So manches Stücken Brot teilten sie mit uns, obwohl die Rationen für die Zivilbevölkerung äußerst karg waren. Und die uns quälten und das Leben noch schwerer machten, waren durch die Politik so geworden.

Ich durfte jedenfalls wieder gesund meine Heimat sehen, doch das Wiedersehen war kein glückliches. Ich fand kein Heim vor und musste ganz von vorne beginnen. Kaum aber fasste ich wieder Fuß in meiner Heimat, kamen viele Leute wieder zu mir und baten mich, ihnen etwas zu sagen, ihnen zu helfen. Es wurde mir erzählt, dass dies und jenes der Prophezeiungen vor dem Krieg eingetroffen wären. Es kamen immer mehr Leute. Darunter war auch meine zweite Frau, die aus ihrer Heimat vertrieben worden war, und wir bauten uns gemeinsam ein neues Heim. Bis jetzt kamen unendlich viele Menschen zu mir. Viele sind in allen Teilen der Erde verstreut, und es flattert oft ein Gruß von draußen zu mir. Ein Zeichen des Dankes, weil meine Voraussagung eingetroffen ist.

HEILUNG

Es gibt Dinge zwischen Himmel und Erde, von welchen man keine Ahnung hat. Das kommende Beispiel wird zeigen, dass es so ist. Unerwartet erlebte ich vor ein paar Jahren einen seltsamen Vorfall. Man rief mich telefonisch an und bat mich, zu einer kranken jungen Frau zu kommen. Die Eltern waren sehr reiche Leute. Die Frau hatte schon tagelang hohes Fieber und alle Ärzte, die man zuzog, sowie auch verschiedene Medikamente, halfen nichts. Ich sagte, dass ich für Krankheiten nicht zuständig sei, denn ich hatte mich mit diesen Dingen noch nie befasst. Man ließ trotzdem nicht locker, und ich sagte mein Kommen zu. Mit einem Auto wurde ich abgeholt. Der Ort lag von Klagenfurt ungefähr 100 km entfernt. Als ich zur Patientin geführt wurde, begann sich mein Inneres selbstständig zu machen, und ich sprach mit lauter Stimme: „Ich komme und bringe Ihnen die Gesundheit. Morgen sind Sie fieberfrei und können bald wieder aufstehen". Die Anwesenden hörten es, sagten aber nichts. Ich selbst staunte wieder einmal, zeigte es aber nach außen nicht. Die Patientin nahm mein Kommen kaum zur Kenntnis, sie war sehr schwach und teilnahmslos, da sie schon viele Tage ohne jegliche Nahrung war. Ich fuhr wieder nach Hause, in der Hoffnung, dass meine innere Stimme die Heilung bringen möge, wie versprochen. Das Ganze war ja nicht von mir, sondern eine Botschaft aus dem Jenseits, das wusste freilich nur ich.

Schon am nächsten Tag wurde ich angerufen, und es wurde mir mitgeteilt, dass das Fieber tatsächlich gesunken sei, und Tage später wurde mir die Genesung der jungen Frau bekannt gegeben. Man wollte natürlich wissen, wieso ich das gewusst hätte usw. Darauf konnte ich keine Antwort geben, als zu sagen, dass meine Prophezeiungen doch immer wieder wahr werden. Bis jetzt hat sich seit dieser Zeit keine solche Heilung mehr ergeben, und mit Heilung befasse ich mich nicht. Das ist ein Erlebnis, welches zeigt, dass höchste Kräfte in uns sind, uns segnen und inspirieren, und es kann auch die Macht Gottes gewesen sein, wer weiß es, niemand kann es sagen.

Auf Schritt und Tritt begegnet man seltsamen Ereignissen. Einmal sah ich, ohne mit der bekannten Familie im direkten Kontakt zu sein, dass ihr Haus (eine Apotheke, die zugleich auch als Wohnung genutzt wurde) zu brennen anfing. Ich wunderte mich über das vor mir gesehene Bild und beschloss, sie zu warnen. Ich vergaß es jedoch wieder. Abends, als ich mich niederlegte, sah ich dasselbe Bild nochmals. Ich stand auf, rief telefonisch die Tochter der Familie an und warnte sie vor dem Feuer. Trotz Aufpassen und besonderer Sorgfalt konnte es nicht verhindert werden, dass ein Lehrmädchen einen Ofen mit Benzin anheizen wollte. Es gab eine Stichflamme, und in Sekunden stand die ganze Apotheke in Flammen. Meine Warnung wurde drei Wochen vor dem Brand an die Familie telefonisch weitergegeben (es war auch ein Verstorbener da, und da ich ein Seher bin, konnte er ein Zeichen geben, und dieses Zeichen war seine Person). Es ist wieder einmal ein Beweis, dass die Toten doch leben und sich kundtun können. Einmal passierte es mir während einer Sitzung, dass ein vollbärtiger Mann mittlerer Größe die Aufmerksamkeit auf sich zog. Und zwar drängte sich dieser Mann zwischen mich und ein mir bekanntes Ehepaar (ein Ing. M. mit Gattin). Und ganz gegen meine sonstige Gewohnheit erzählte ich dies den beiden, wobei ich den Bärtigen ausführlich beschrieb. Überrascht sagte Frau M.: „Das ist ja mein verstorbener Ziehvater". Jener Geist wollte noch persönlichen Kontakt aufnehmen und Grüße von drüben aus dem Jenseits übermitteln. Diese Geschichte aber hat noch eine kleine Nachgeschichte. Herr und Frau Ing. M. luden mich zu sich in deren Wohnung ein - es war vielleicht ein halbes Jahr später. Man zeigte mir viele Bilder, und plötzlich entdeckte ich den bärtigen Mann und sagte, dieser Mann war damals bei unserer Sitzung. Beide freuten sich, dass ich ihn so schnell erkannt hatte, oder war es eine Probe?

Aber nicht immer kommen Geister aus dem Jenseits, um zu helfen. Das beweist nachstehendes Beispiel.

BÖSE GEISTER

Ich selbst habe ganz übersehen, dass das Trinken von Alkohol zur Gewohnheit werden kann. In den Kreisen, in denen ich nach dem Krieg verkehrte, war es Mode, dass bei einem Besuch immer etwas Alkoholisches aufgewartet wurde. Dies hatte zur Folge, dass ich zeitweise mehr trank, als ich vertragen konnte. In einem solchen Zustand erlebte ich plötzlich, dass mein verstorbener Onkel, der ein Trinker war, sonst jedoch geistig und menschlich sehr in Ordnung gewesen ist, plötzlich bei mir war und mir sagte, er habe mit mir fest mitgetrunken. Ich spürte ihn deutlich und wusste, als er ging, dass es tatsächlich so war. Dieses Erlebnis gab mir zu denken, und ich überlegte, wieso es so etwas gibt. Mir wurde klar, dass jeder Geist aus dem Jenseits der an dem Menschen Interesse zeigt, auch an ihn heran kann, wenn der Mensch dieselben Handlungen macht wie er, so wie der Geist es im Leben getan hat. Und wenn er noch nicht gereinigt ist und nicht höheren Interessen huldigt, was er wahrscheinlich strafweise noch nicht kann. Da ich also getrunken habe, hatte dieser Geist die Macht, an mich heranzukommen. Er war sonst nicht schlecht, er wollte eben nur bei Trinkern sein, um dort weiter seinem Laster huldigen zu können. Schlimm ist es, wenn jener Geist ein Verbrecher war und Macht über einen Menschen bekommt. Oft wird vor Gericht ausgesagt, ich wollte es nicht, aber eine unerklärliche Macht trieb mich dazu. Ich las voriges Jahr in der Volkszeitung, dass ein sonst anständiger und fleißiger Malermeister, der auf der Leiter stand und arbeitete, plötzlich schrie: „Jetzt hat mich der Teufel gepackt!" Er hieb mit einer großen Schere auf den Mitarbeiter, verletzte diesen und noch einen anderen. Man holte die Polizei und dabei wurde der Malermeister erschossen, weil dieser sich heftig und gefährlich zur Wehr setzte. Dies zeigt wieder einmal deutlich, dass es Dinge gibt, die man mit normalem Verstand und normalem Wissen nicht mehr verstehen kann. Wenn wir nun sagen, ja, der Mann ist halt verrückt geworden, so glaube ich das auf keinen Fall. Mit dieser Redensart allein kann man ein solches nicht abtun.

Ein anderes Mal war es bei mir aber so. Ich bemühte mich, keinen Alkohol mehr zu trinken, das Rauchen aufzugeben und ein geistiges Leben zu führen. Da hatte ich ein merkwürdiges Erlebnis. Es sagte die eine Stimme zur anderen: „Was willst du bei diesem hier, da bekommst du nichts mehr zu trinken, er trinkt nichts mehr." Dies schien wohl eine Lehre zu sein, damit ich nicht wieder mit dem Trinken anfange. Gott öffnete mir zeitweise das Ohr, um diese Stimmen hören zu können. Es ist gleichzeitig eine Lehre, dass Geister immer wieder, wenn sie in unserer Ebene leben, uns umgeben, unseren Gedanken aufdrängen und uns zu Handlungen verleiten, die wir sonst nicht tun würden. Es ist notwendig, dass wir beten, um die Kraft zu haben, den bösen Kräften auszuweichen. So wird der, der eine hohe Frequenz hat und auch auf einer solchen Ebene lebt (sündenfrei), nur von guten Geistern umgeben, die nur gute Gedanken bringen und einflößen, sodass man zu keinem Schaden kommt. Die meisten Menschen können nicht solche Erfahrungen machen und solche Dinge sehen oder hören. Darum werden die meisten Menschen auch nicht glauben können, dass es so etwas gibt. Die andere Welt soll eben für den Menschen im Grunde genommen ein Geheimnis bleiben. Könnten wir Gott und seine Macht jetzt schon sehen, dann hätte jeder Furcht, Gott zu missfallen, und alle währen nur gut und anständig. Unser Erdenleben soll aber menschlich sein und bleiben. Unsere Fehler sollen uns Lehren bringen, und wer Fleiß, Ausdauer besitzt in allen Dingen, der steht nicht allein da, denn Gott steht ihm zur Seite, ohne dass er es weiß. In all den Wirren und Trübnissen soll der Glaube immer unser Führer sein.

VISIONEN

Als ich im Krieg mit meinen Kameraden Wache stehen musste, sah ich einige Flieger über uns, und plötzlich sah ich diese Flieger nicht mehr mit Propeller (in meiner Vision) und erklärte mich mit meinen Kameraden, die mir das natürlich nicht glaubten. Einige wussten zwar, dass ich Seher bin, aber trotzdem konnte sich keiner einen Reim darauf machen. Heute hat sich die Technik so weit entwickelt, dass wir propellerlose Flugzeuge besitzen.

Was alle Menschen sicher interessieren wird, ist die Voraussage für großes Weltgeschehen in nächster Zukunft. Zuerst einmal die politische Lage:

Die Ermordung Kennedys ist ein Signal einer neuen Zeit. Das wird nicht lange auf sich warten lassen. Die Durchsage im Radio von Kennedys Ermordung empfand ich ebenso wie den Einmarsch Hitlers in Österreich, und das bedeutet eine neue Wendung für die ganze Welt. In nächster Zeit wird wieder ein großer dieser Erde sterben, der großen Einfluss hat. Für die Politik ist dieses Ereignis sehr maßgebend.

Für den Osten bzw. mit dem Osten sehe ich nichts Erfreuliches. Unser Österreich aber, das sagt meine innere Stimme schon lange, wird ein Hort der Sicherheit sein. Auch für Deutschland sehe ich keine zu großen Gefahren, wie ich solche aber für andere Länder in der kommenden Zeit sehe. Asien, die Türkei und auch Russland stehen einem neuen Ereignis im Weltgeschehen gegenüber, und die ganze östliche Weltkugel wird ein neues Kartenbild haben. Anders wir es mit dem Westen sein. Dieser hat die Chance, so zu bleiben, wie es jetzt ist. Und dass es bald keine Grenze zwischen Ost- und Westdeutschland geben wird, sehe ich mit Klarheit[3]. Die genaue Zeit kann ich nicht sagen, aber spätestens innerhalb von fünf Jahren wird sich die Situation in diesem Sinne ändern. Auch der Norden wird einen Block bilden und unter einer Führung stehen. Für Norwegen, Finnland und Dänemark wird eine neue Zeit anbrechen. England hat auch einiges in den nächsten zehn Jahren zu erwarten. Es wird ein anderer Wind wehen, und andere Leute auf den Thron der Macht bringen. Der Thron in diesem Sinne wird schon noch existieren, aber die Bedeutung von heute wird ganz wegfallen. Amerika wird mit sich selbst zufrieden werden, es wird eine Menge neuer Staaten dazubekommen und gerade so, wie es heute aussieht, dass es zerstückelt werden soll, gerade dies wird wieder anders. In Indien wird sich auch vieles ereignen, es wird etwas geteilt werden, andere Menschen werden es leiten, und nicht das ganze heutige Indien wird Indien bleiben. China erlebt eine Thronbesteigung mit einem Menschen, der sein wird wie der Kaiser - das wird wohl noch ziemlich eine Zeit dauern. Vorerst wird, das wissen wir schon heute, wer marschieren will, auch marschieren wird. Leider bringt auch dieses Marschieren neue Zeiten. So sieht es in der Politik aus.

Die Atombombe wird nur im kleinen Maße angewendet werden, jedoch werden alle Menschen große Angst haben.

---

[3] Anmerkung: Fall der Berliner Mauer fand am 9. November 1989 und die deutsche Wiedervereinigung am 3. Oktober 1990 statt.

Die Welt aber wird dadurch nicht vernichtet werden. Das über das Weltgeschehen.

Die Atomkraft selbst ist jene Kraft, die noch Neues erzeugen wird und dadurch werden die Erfindungen zunehmen. Es wird z. B. aus der Atomkraft eine neue Kraft entstehen, die ich die „Vierte" nenne. Ich sage Explosionskraft, Elektrizität und Motorenkraft, und die neue ist eigentlich die Naturkraft, anders als die Elektrizität. Sie wird es ermöglichen, dass wir den Weltraum befahren werden in der Schnelle des Lichts, des Funkens, den wir regulieren werden können.

Diese Kraft werden wir dafür brauchen, um andere Planeten zu entdecken. Man muss wissen, dass wir, wenn wir hinaussehen, in den Weltraum wie in ein Meer von Luft und Nichts hineinsehen, und dass wir dann Punkteplaneten und Planeten aufeinander finden, und dies sind die Inseln dieses Weltmeeres, des Luftmeeres oder des Weltalls. Ein eigentliches Zentrum gibt es aber auch. Dieses aber haben wir nicht erfahren, und man wird mir auch nicht glauben, dass es so ist. Ich meine, dass unsere Welt ein lnselchen im großen Weltraum ist. Auch was man um uns sieht, sind nur Inseln, und der wahre Kern, das Festland, ist sozusagen noch nicht gefunden. Ich glaube, dass wir mit Bewohnern über oder unter uns rechnen müssen, weil es ja an sich unmöglich ist, dass nur ein Planet bewohnt sein soll und alle anderen es nicht sind. Es wäre undenkbar, dass Billionen Planeten gleich nichts sind, wo man gerade im Weltraum das Wesen Gottes erkennen muss. Denn dort zeichnet er mit seiner Hand, mit seiner Schrift das Ewige und hier sieht und bemerkt man ihn überall. Alles Ewige hat seine komplizierte Genauigkeit, seine Bahnen, und es ist anzunehmen, dass dort, wo Ordnung herrscht, auch ein Herrscher ist. Die Schrift Gottes ist das leuchtende Firmament, hier können Sie seine schreibende Hand beobachten. Wir aber werden mit dieser neuen Kraft in Schnelle eines elektrischen Funkens diesen Raum durchziehen und andere Welten beobachten. In späteren Jahren werden wir von dieser Erde auswandern in die neuen Welten, in welchen wir uns wohler fühlen werden. Nicht alle werden auf denselben Planeten wandern, manche auf diesen oder jenen. Die Erde wird nur dadurch untergehen, dass sie nicht mehr bewohnt wird. Sie wird einst verlassen sein. Doch bis dahin werden wohl noch an die tausend Jahre vergehen. Aber so wird es einmal sein.

Auch die Erde bekommt durch diese neue Entdeckung neue Kraft. Diese Kraft steht vor der Reife, sie ist greifbar nahe. Man wird mit dieser Kraft Fernheizungen haben, die unsichtbare elektrische Wellen hat. Man wird z. B. ein Haus heizen oder eine ganze Stadt von einem einzigen Punkt aus, ganz ohne Leitung. Es werden die Autos einen kleinen Apparat besitzen, der nicht größer als eine Zigarettenschachtel ist, und dieser Apparat wird gespeichert von einer einzigen Sendeanlage. Damit werden die Menschen weite Strecken fahren können, ohne zu tanken und ohne besondere Wartung. Auch neue Zeitungen werden sein, sie werden nicht mehr in Form von Papier ins Hause gebracht und andere Formen haben. Die Zeitung wird eine Art Sprechband - Magnetofon - die Nachrichten werden heruntergelesen. Vieles hat die Welt an Neuigkeiten zu erleben, weil wir im Jahrhundert der Erfindungen leben, und weil es das Wassermannzeitalter so haben will. Es wird unendlich viel entstehen, der technische Fortschritt schreitet weiter. Schon in den letzten Jahren ist viel entstanden, und mein Großvater hätte mir dazumal nicht geglaubt, dass er ein Fußballspiel aus Amerika hier von einem Apparat aus sehen wird können. Er hätte mich tüchtig ausgelacht.

Die Zeit ist es, die den Menschen für die Erfindung reif gemacht hat. Ich könnte auch sagen, der Wille Gottes. Er ist es, der den Faden den Menschen in die Hand gibt. Und dieser Faden wird noch ein langer Weg voll neuer Erfindungen sein. Aber immer wird er etwas Bedrohliches sein. Wo auf der einen Seite das Gute ist, ist auf der anderen Seite auch das Böse. Die Atomkraft ist eine Macht, die für den Frieden ungeahnte Möglichkeiten in sich birgt, aber auch ein gefährlicher Gegenpol. Und so zieht sich dieser Faden durch Jahrhunderte und Jahrtausende. Der Mensch wird immer bedroht, er wird immer in Gefahr schweben und wird durch diese Gefahren auch manchmal sterben müssen. Warum dies so ist, können wir nicht verstehen. Auch können wir nicht verstehen, dass wir sterben müssen, um wieder zu leben. Das sind Geheimnisse von der Allmacht, die es so will.

Nachwort von Rudolf Lechleitner

Was mich mit Simon Wenzel (1913-1968) verbindet, ist mein Vater, der den Hellseher persönlich kannte und eine private Freundschaft mit ihm pflegte. Davon habe ich während meiner eigenen Kindheit nahezu nichts bewusst mitbekommen. Auf schicksalhafte Art und Weise lernte ich, somit davon unabhängig, am 1.1.2000 den Sohn des Hellsehers Simon Wenzel kennen: Günter Otto Wenzel-Sternbach (1950-2012), der die seherischen Fähigkeiten seines Vaters geerbt hat. Ihm haben Sie es zu verdanken, dass Sie heute dieses Buch in den Händen halten.

Wie das Schicksal so spielt, entwickelte sich auch zwischen Günter Otto Wenzel und mir eine private Freundschaft, in der ich u. a. viel über die Hellseherei erfahren habe. Und dieses weitere Wissen, die kleinen Puzzlesteine, die das Bild erst komplettieren, gebe ich Ihnen in diesem Nachwort weiter.

Kann mir ein Hellseher die Lottozahlen vorhersagen?

Nein, denn das wäre ein zu massiver Eingriff in das eigene Leben. Zur Klarstellung: hier geht es nicht darum, dass er es nicht darf oder möchte, sondern darum, dass er es tatsächlich nicht kann.

Was sieht ein Hellseher über seine eigene Zukunft?

Ein Hellseher ist lediglich in der Lage, das Potenzial und die Zukunft anderer Menschen erkennen. Über seine eigene Zukunft erfährt er nichts, denn das würde sein eigenes Leben massiv beeinflussen. Zu derartigen Geschichten habe ich bisher nur von einer einzigen Ausnahme gehört, und zwar von einem Hellseher, der seinen eigenen Tod voraussehen konnte. Die Entscheidung, ob es sich bei dieser Fähigkeit um einen Fluch oder Segen handelt, überlasse ich an dieser Stelle Ihnen!

Übrigens führte genau die fehlende Möglichkeit, in die eigene Zukunft zu sehen, zu einigen Hellseherwitzen:

- Treffen sich 2 Hellseher auf der Straße. Sagt der eine: „Dir geht es gut, wie geht es mir?"

- Ein Klient läutet während eines Termins an der Tür des Hellsehers. Von drinnen ertönt eine Stimme: „Wer ist da?" Darauf denkt sich der Klient: „Na, das fängt ja schon gut an!"

Was ist mit den schlechten Nachrichten?

Jeder, der bereits die Dienste eines Hellseher in Anspruch genommen hat, wird sich unter Umständen gewundert haben, weshalb er keine schlechten Nachrichten erfahren hat. Wo doch das Leben selten „nur Gutes" für uns bereithält.

Das hat nichts mit Geheimhaltung, geheimen Strategien oder Betrug zu tun. Es ist einfach ein Ehrenkodex. Ein Kunde, der zur Konsultation kommt, muss nicht alles über seine Zukunft erfahren. Er kommt meistens wegen eines speziellen Problems, für das er Hilfe benötigt. Wenn es dafür notwendig ist, auch unangenehme Dinge aufzuzeigen, dann wird das selbstverständlich auch geschehen. Das ist aber nur in den seltensten Fällen der Fall, und so muss niemand unnötig damit belastet werden (außer dem Hellseher selbst, der diese Dinge trotzdem sieht).

Wann tritt eine Prophezeiung ein?

Der Zeitpunkt, wann eine bestimmte Vision, eine prophezeite Zukunftsprognose eintritt, lässt sich nur sehr schwer bestimmen. So wie die Hellseherei selbst, erscheint auch die Bestimmung eines zukünftigen Zeitpunktes nach außen unmöglich.

Der Grund besteht darin, dass die Vision aus dem Jenseits kommt. Das Jenseits ist jedoch zeitlos, dort existiert keine Zeit. Damit ist es so gut wie unmöglich, eine Vision mit einem bestimmten Zeitpunkt zu verknüpfen. Schätzungen, sofern diese nicht mit anderen Mitteln untermauert werden, liegen oft meilenweit daneben.

So konnte ich beispielsweise selbst erleben, dass „bald" (auf wenige Wochen geschätzt) durchaus auch als Dauer von 4-10 Jahren interpretiert werden kann.

Vergleichen wir das Alter des Universums und das Alter der Menschheit auf der Erde, dann erscheinen 10 Jahre jedoch vernachlässigbar klein.

Beschreibung von Erfindungen in der Zukunft

Hellseher besitzen die Gabe, weit in die Zukunft zu blicken. Wie Sie bereits beim Lesen des Buches bemerkt haben, stellen 100 oder 1000 Jahre kein Hindernis dar.

Wenn wir jedoch den technologischen Fortschritt der letzten Jahrzehnte betrachten, wird ein Problem deutlich: Wie beschreibt man Dinge, die bereits in der Zukunft erkennbar sind, aber die es heute noch nicht gibt? Beispielsweise ein Smartphone am Anfang der 1960er Jahre? Ein Zeitpunkt, in dem es weder Farbfernsehen noch PCs gab. Wenn wir schon innerhalb weniger Jahrzehnte so ein Problem haben, Neuerungen verständlich zu erklären, wie schwer ist es dann mit Erfindungen, die erst in 100 oder 1000 Jahren gemacht werden?

<u>Sinn und Zweck eines Hellsehers</u>

Richtige Hellseher (also keine Scharlatane, wie es sie schon immer gegeben hat und noch immer gibt) erfüllen eine wichtige Aufgabe: Sie bieten eine Hilfestellung und Motivation in schweren oder gar aussichtslosen Zeiten. Die Hauptaufgabe eines Hellsehers ist es, für konkrete Probleme und Fragen genauso konkrete Lösungen zu finden.

Es ist NICHT die Aufgabe eines Hellsehers, den Lebensweg eines Menschen zu bestimmen. Es ist NICHT seine Aufgabe, den Menschen zu sagen, wie sie ihr Leben zu leben haben.

Das kann auch gar nicht funktionieren. Denn es gibt keine Linie, der wir folgen können und die uns in die Zukunft führt. Wir können uns die Zukunft vorstellen wie einen Baum! Jede Astgabelung eröffnet einen neuen Weg, den wir gehen können. Jede Astgabelung entspricht einer Chance, die wir erhalten, einem Ereignis, das in unserem Leben stattfindet oder einer Entscheidung, die wir treffen.

Wenn wir niemals eine Entscheidung treffen, nie einen neuen Weg einschlagen, dann werden wir höchstwahrscheinlich auch immer ähnliche Ereignisse erleben (Trennung vom nächsten Partner, Kündigung, Unfall etc.). Dann wird uns ein Hellseher genau das sagen, was uns auch gute Freunde sagen können. Tu etwas! Lass nicht mehr den Zufall über dein Leben bestimmen.

Aber: Ein Hellseher kann die Wege hinter den verschiedenen Gabelungen vergleichen und uns so einen Rat geben.

Sind wir bereits Meister unseres eigenen Lebens, brauchen wir den Rat nicht. Denn dann fühlen wir in uns selbst stark genug, das zu tun, was wir tun können und wollen! Und damit bin ich wieder am Anfang: Für solche Menschen kann ein Hellseher wenig tun. Er ist für diejenigen da, die Hilfe für ein akutes Problem benötigen.

Der Meister des eigenen Lebens zu werden, ist nicht unmöglich. Wir sind alle dazu geschaffen, dieses Ziel zu erreichen. Jeder mit anderen Voraussetzungen und jeder mit einem anderen Weg. Einigen helfen Hellseher aus einer Krise, anderen sie selbst.

Mehr zur Gestaltung des eigenen Lebens finden Sie auf:

http://www.lechleitner.org

und

http://www.soziale-freiheit.de

Sagen Sie die Zukunft voraus, indem Sie diese erschaffen.[4]
(Martin Soulreader)

---

[4] Engl. Original: Predict the future by creating it

Stichwortverzeichnis:

Allah 8
Allmacht 9, 67
Andersgläubige 21
Angst 15, 39, 64
Atombombe 64
Atomkraft 9, 64, 67
Autosuggestion 36
Böse(s) 4, 7, 10, 14, 15, 18, 19, 24, 25, 38, 39, 44, 45, 46, 58, 60, 67
Christus 21, 40
Duft. 39, 40, 41, 42, 43, 45
Empfinden. 14, 15, 16, 26, 28, 48
Frequenz 4, 5, 39, 60
Freude.. 13, 14, 37, 42, 46
Friede 18, 21, 67
Gefühl ... 13, 14, 15, 24, 26
    Angst 15, 39, 64
    Freude ... 13, 14, 37, 42, 46
    Hass 14
    Hoffnung 56
    Neid 13
    Zweifel ... 11, 15, 30, 32, 41
Geist
    Nell 27
Geist(er) ... 3, 6, 10, 11, 12, 13, 15, 20, 25, 27, 30, 31, 34, 37, 38, 40, 41, 46, 47, 48, 49, 51, 58, 59, 60
Gift 14

Glaube 2, 3, 16, 17, 18, 25, 32, 61
Glück 14, 16, 18, 43
Gott 3, 5, 7, 8, 9, 11, 13, 16, 17, 18, 19, 21, 24, 29, 30, 32, 33, 34, 38, 41, 43, 44, 50, 51, 52, 53, 57, 60, 61, 65, 67
Gute(s) 4, 7, 10, 14, 15, 17, 18, 19, 21, 25, 33, 35, 42, 48, 61, 67, 70
Hass 14
Himmel. 12, 17, 18, 19, 52
Hitler 48, 49, 54, 62
Hoffnung 56
Hölle 12, 18
Jenseits .. 3, 20, 26, 34, 37, 43, 47, 56, 58, 59
Kali 8
Kennedy 62
Kommunismus 21
Kreuz 39, 45
Labung 33, 35
Leben 2, 4, 7, 9, 10, 12, 15, 17, 18, 19, 21, 22, 24, 26, 27, 52, 53
Macht ... 37, 57, 59, 61, 63, 67
Mächtig 16
Materiewelt 13
Medium 28
Mord 14, 62
Mystiker 43
Mystisch 32, 50, 51

Neid 13
Ort
   Amerika 63
   Asien 62
   China 63
   Dänemark 63
   Deutschland 24, 25, 49, 62
   England 63
   Finnland 63
   Indien 63
   Norwegen 63
   Österreich 49, 62
      Klagenfurt 23, 42, 56
   Russland 62
   Türkei 62
   Weltraum 64, 65
Padre Pio 5, 6, 7
Philosophie 51
Pio 5, 6, 7
Rama Krishna 51
Religion 15, 20, 21, 32, 51
   Andersgläubige 21
San Giovanni Rotondo .. 5, 6
Seele 36, 45
Seelenzustand 7
Selbstmord 53
Telegraf 36, 37, 42, 43
Teufel 18, 59
Theresia Konnersreuth. 5
Tod 2, 10, 11, 22, 27, 44
Tote 2, 57
Unfassbar 8, 9, 16
Verbrechen 7
Verbrecher 18, 26, 59
Verrückt 60
Wissenschaft 31
Yoga 8
Zweifel.. 11, 15, 30, 32, 41